Larmes de combat

BRIGITTE BARDOT
Anne-Cécile Huprelle

Larmes de combat

RÉCIT

Les droits d'auteur de Brigitte Bardot
sont reversés à la Fondation Brigitte-Bardot :
www.fondationbrigittebardot.fr

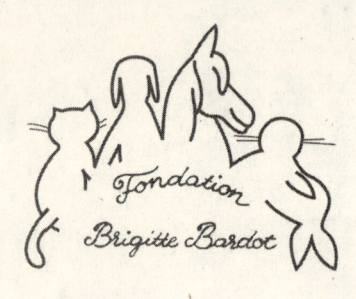

Fondation Brigitte Bardot

© ÉDITIONS PLON, un département d'Édi8, 2018.

Le Code de la propriété intellectuelle interdit les copies ou reproductions destinées à une utilisation collective. Toute représentation ou reproduction intégrale ou partielle faite par quelque procédé que ce soit, sans le consentement de l'auteur ou de ses ayants droit ou ayants cause, est illicite et constitue une contrefaçon sanctionnée par les articles L335-2 et suivants du Code de la propriété intellectuelle.

Je dédie ce livre à tous les animaux
qui ont partagé ma vie et
à tous ceux qui la partagent encore.

« *Pour commencer, nous allons faire les petites choses faciles ; petit à petit, nous nous attaquerons aux grandes et, quand les grandes choses seront faites, nous entreprendrons les choses impossibles.* »

SAINT FRANÇOIS D'ASSISE,
amoureux de la création
humaine et animale.

Avant-propos
« L'Heure bleue »

L'Heure bleue est un instant unique où le jour se donne à la nuit et où la nuit appartient encore au jour. Durant ces minutes fugaces, le jour décline, le ciel se teinte d'un bleu foncé, la nuit n'est pas encore là. Cette période donne lieu à des manifestations naturelles d'une rare beauté : les fleurs exhalent leurs parfums comme jamais, les oiseaux chantent en chœur pour s'apaiser ensuite. Cet intervalle est si merveilleusement éphémère qu'on peut l'attendre toute une journée pour en goûter l'essence le soir venu.

Car c'est un temps hors du temps.

L'Heure bleue, c'est le naturel en émoi, c'est l'animal qui exulte, c'est la vérité sans lumière. Et lorsqu'on l'a saisie, tout s'éclaire.

Vivre l'Heure bleue, c'est saisir l'instant qui fuit.

Tout au long des sept mois de travail nécessaires à la réalisation de cet ouvrage se sont égrenées de telles heures bleues, nourries par Brigitte.

Parce qu'« elle ne porte rien d'autre qu'un peu d'essence de Guerlain dans les cheveux », bien sûr, parce que l'effluve sur elle est si puissant, troublant et nostalgique, mais aussi parce que Brigitte avait compris ce que j'attendais.

Je l'ai abordée comme on approche un animal sauvage. Avec curiosité, douceur et patience. Tantôt lionne, tantôt biche, Brigitte ne se laisse pas atteindre facilement. L'authenticité de sa démarche, les raisons de sa révolte, ses actions au sein de sa Fondation et les moyens de les faire perdurer devaient être au cœur du texte.

Je lui proposai donc un livre sur le sens de son combat, sur sa vie auprès des animaux, sur l'héritage qu'elle devait laisser. Je lui parlai de son âme et de sa nature animale, je lui parlai de testament, ce mot qu'elle abhorre au plus haut point. Brigitte accepta sans réserve. Je lui proposai de tenir sa plume, ce qu'elle avait toujours refusé auparavant, et elle accepta.

Le flair de Brigitte est infaillible, elle avait compris où je voulais aller, l'importance du témoignage, non seulement sur le passé, mais pour l'avenir. Et entre deux, son présent solitaire, dépouillé, silencieux. Je lui offris mes mots, mes thèmes, ma compréhension de son existence. Le combat animal était au centre de nos échanges et puis parfois des souvenirs, des anecdotes de son glorieux passé s'imposèrent, tant et si bien qu'il fut évident que cette lutte avait commencé bien avant son départ du cinéma : cette nécessité de l'engagement animal, elle la portait depuis toujours.

Chaque dimanche après-midi, nous nous retrouvions donc pour converser, prendre un temps long et posé qu'on ne lui avait jamais offert auparavant et qu'elle avait toujours soigneusement évité, probablement par peur de s'ennuyer. Oui, Brigitte n'est pas qu'un animal, elle a aussi une âme d'enfant, elle s'ennuie très vite ! Nous avons discuté et pensé ensemble, nous avons respiré et nous nous sommes tues.

Car c'est bien souvent à l'écoute des souffles et des silences de Brigitte qu'on la connaît le mieux.

Ce qui m'intéressait chez Brigitte Bardot, c'était la discussion au long cours et l'envers de l'image. Un temps prisonnière de son physique, elle l'est aujourd'hui de son impulsivité. Je restai attachée à l'intérieur, le souterrain, les fondements de Brigitte, dans l'idée du dépassement des petites phrases, des controverses, des interviews à brûle-pourpoint, tout ce qui est fait aujourd'hui et qui ne correspond pas au temps diffus et intime de la Dame qu'elle est devenue. Brigitte parle fréquemment, instantanément et, en réaction, la spiritualité, entendue comme le travail d'un esprit en alerte, devait guider nos échanges. Où commençait l'animal, où s'arrêtait l'humain, où naissait l'animalité, où débutait l'humanité de Brigitte ? C'est ce fil tendu que nous avons suivi et qui m'a permis de comprendre la paix qu'elle recherchait, dans ses instants d'introversion, de pudeur et de sagesse.

Voilà pourquoi, parfois, vous ne reconnaîtrez pas Brigitte Bardot dans ces lignes. Parce qu'elles correspondent à nos heures bleues, à ces instants uniques, succincts et profonds où j'ai eu le sentiment de réellement toucher son essence. Voilà pourquoi ce livre a été écrit à quatre mains. Parce qu'il en faut du courage pour creuser à l'intérieur de soi, toucher ses fragilités et embrasser ses blessures, il en faut de l'audace pour dresser le bilan et accepter le testament. Dès lors, Brigitte avait souvent besoin d'un double, d'un miroir ou d'une consolation. J'étais là. Le rapport que l'on entretient avec les êtres vivants en dit long sur nous. Et quand le travail a touché à sa fin, nous nous sommes senties orphelines de ces moments suspendus passés ensemble.

Saisir l'instant qui fuit, le spectacle de l'automne, le temps de latence, la récréation pour la recréation. Être assise dans un coin du grand salon de La Madrague et observer la démarche toujours aussi sensuelle et aérienne de Brigitte. Voir la grâce et se dire que l'actrice n'a jamais cessé d'être une danseuse, que la femme est avant tout un fauve et qu'il faut la considérer telle quelle.

Saisir l'instant qui fuit comme la repartie intacte de Brigitte : « On change d'amants, jamais de parfum », ou comme cette sincérité désarmante à propos d'un instinct maternel qui lui a autrefois fait défaut. Quand, un jour, elle m'a demandé si moi-même j'en possédais un pour mes propres enfants, je lui ai répondu qu'il n'était pas inné, mais acquis, que c'était une construction, un apprentissage, et que cette possibilité ne lui avait pas été offerte. Avant de nous quitter, elle me remercia : « Je n'ai peut-être pas été complètement un monstre alors... »

Saisir l'instant qui fuit, l'instant trop intense, trop court, trop beau, l'instant sans mots et en faire un livre. Vivre l'Heure bleue de cet animal tendre, mélancolique et sauvage, sortir un temps de ma propre vie pour livrer le meilleur de la sienne. Mettre des mots sur des silences, s'offrir à la nature et tendre vers le ciel.

L'Heure bleue c'est un début, l'Heure bleue c'est une fin. C'est la possibilité d'un renouveau. Ce n'est déjà plus une aube, mais pas encore un crépuscule.

Anne-Cécile HUPRELLE,
Toulon, le 7 novembre 2017

1
Le sens de mon combat

Le sens de ma vie

Je ne fais pas partie de l'espèce humaine. Je ne veux pas en faire partie. Je me sens différente, presque anormale. Aussi longtemps que l'animal sera considéré comme une espèce inférieure, qu'on lui infligera toutes sortes de maux et de souffrances, qu'on le tuera pour nos besoins, nos loisirs et nos plaisirs, je ne ferai pas partie de cette race insolente et sanguinaire. Et, du reste, je m'en suis toujours sentie très éloignée.

Je partage très peu de choses avec la plupart des gens et, *a contrario*, énormément avec quelques individus. À de rares moments dans ma vie, je me suis retrouvée sur la même longueur d'onde avec des êtres dans lesquels je reconnaissais une même révolte, un écœurement similaire au mien. Mais de manière générale, je ne me retrouve pas dans ce monde de réussite, de superficialité, de compétition, de manque de profondeur et de sentiments que je peux observer.

Je sais et assume avoir vécu dans cette superficialité. Mais elle m'a rendue très malheureuse. Je ne m'y suis jamais adaptée, ce fut toujours pour moi un effort. J'ai vécu une existence unique, souvent people, parfois mondaine. Mais au fond de moi je n'étais pas comme cela. Je ne suis me jamais sentie autant en phase avec moi-même qu'aujourd'hui, quasiment seule, à La Madrague. J'ai toujours tendu vers ce style de vie, dépouillé et en cohérence avec la nature.

Ma première partie de vie fut comme le brouillon de mon existence, il y avait, en germe, tout ce qui constitue ma vie d'aujourd'hui. De ma période adolescente à mon travail sur des plateaux de cinéma, j'ai toujours été attirée par les animaux, sensible à leur présent, leur avenir. Du plus loin que je me souvienne, j'avais ce sentiment féroce que l'être humain devait les protéger et non les malmener comme il semblait le faire.

Aujourd'hui, je peux dire que mon choix était le bon. Quitter le cinéma en 1973, consacrer mes jours et mes nuits à la création d'une structure qui viendrait en aide aux animaux. Cela m'a évité d'avoir bon nombre de regrets et m'a enrichie de plusieurs façons. J'ai pu rencontrer des êtres uniques comme le Dalaï-Lama, mais aussi des gens inconnus du grand public qui sont des sages et auxquels je dois beaucoup. Des êtres qui portent en eux un humanisme, une beauté, une simplicité et qui vivent en osmose avec la nature. Souvent j'ai été touchée par des personnes mystiques et dont la démarche allait bien au-delà d'une spiritualité. Ils me racontaient que le monde était si merveilleux et étendu, que l'on ne pouvait se borner à une vision étriquée de celui-ci.

Ma seconde partie de vie, au travers de mes rencontres et de mes choix, m'a offert les réponses aux questions que je me posais jusque-là. Ma vocation animale, ma quête de sagesse étaient sous-jacentes durant tout ce temps. Je me disais toujours que la vie ne pouvait pas être aussi futile que ce que je voyais.

J'ai toujours eu horreur de la futilité. D'un côté, je véhiculais l'image même de la frivolité, je m'amusais, je jouais, je chantais, je dansais, j'aimais... Je vivais, mais je n'ai jamais négligé l'importance des choses. La base de ma vie n'a jamais été superficielle, au contraire, elle était même pleine de gravité. Je regardais, j'observais ce qui m'entourait avec beaucoup de jugement. Bien souvent, j'avais l'air de m'amuser et ce n'était pas le cas.

Aussi, quand j'ai fait ce choix de vie, à trente-huit ans, durant le printemps 1973, ce fut une surprise même pour les gens qui me connaissaient. L'homme qui partageait ma vie à ce moment-là a cru lui aussi que c'était un caprice. Beaucoup m'ont dit que je faisais ma mauvaise tête et que je changerais d'avis trois jours après. Ce fond d'authenticité qui m'habitait depuis toujours, je le montrais aux êtres les plus proches dans un contexte intime, mais peu d'entre eux ont su réellement le percevoir, seulement ceux qui partageaient mes préoccupations. Souvent mes amis, amants et parents n'étaient pas sur la même longueur d'onde que moi. Ils appréhendaient mes réflexions comme des moments de nostalgie qui allaient bien me passer un jour ou l'autre. C'est pour cela que j'ai toujours été attirée par des individus profonds auxquels l'introversion leur permettait d'échapper à la lumière, même s'ils étaient célèbres, de cultiver un jardin secret, une intimité, quelque chose d'à part.

Compassion

D'où vient mon combat ? Sans doute de la compassion. Sans doute de cette question qui tourne dans ma tête depuis toujours : « QUI suis-je, QUI me demande-t-on d'être et QUI je veux être ? » Plus jeune, Vadim me racontait comment cela se passait dans les abattoirs. Et je crois bien qu'il édulcorait les choses pour ne pas me choquer. Il me disait que l'on tuait d'une certaine façon, que les plus gros bovins ne mouraient pas tout de suite, que les cochons se débattaient... Qu'est-ce que j'étais naïve : je pensais à l'époque que l'on abattait les bêtes d'un coup, avec un seul tir de revolver... Je n'avais pas encore pris conscience des modes d'abattage, des égorgements, des lentes agonies. C'est Vadim aussi qui m'a ouvert les yeux sur les conditions de détention dans les zoos. Et le temps avançant, j'avais beaucoup de questions. J'ai toujours été attirée par les animaux et Vadim me racontait des histoires, comme on en raconte aux enfants. Il me relatait des choses, en me disant que les êtres humains n'offraient pas de vies heureuses aux animaux, qu'il y avait des sévices... J'étais si ingénue que le mari qu'il était en jouait... Il m'avait même raconté que les rats pondaient des œufs...

J'ai ensuite été sensibilisée plus sérieusement aux traitements infâmes des bêtes d'abattoirs par un ami, Jean-Paul Steiger, qui avait fondé le club des Jeunes Amis des Animaux. Il s'était fait employer quelques jours dans un abattoir au début des années 1960. Cette immersion lui avait permis de voir l'innommable : des tueries abjectes, des gestes d'une cruauté infinie sur des bêtes vivantes et agonisantes souvent pendant de longues minutes. Plus de cinquante ans avant les campagnes chocs de l'association L214, cet ami avait, avec les moyens du bord, pris des photos du quotidien des abattoirs. Ces clichés m'ont horrifiée. Je devais faire quelque chose. Nous étions en 1962. En tant que personnalité, je me suis rendue à l'émission « Cinq colonnes à la une » pour dénoncer les égorgements, qui étaient des traitements dignes du Moyen Âge. On tranchait la gorge des veaux, des moutons et autres, de manière que le sang s'écoule lentement, laissant les bêtes vivantes dans un état de douleur inimaginable. J'étais malade de peur, malade de trac. Je n'étais pas encore engagée dans une association. J'étais une actrice, une star, et ma seule légitimité était ma révolte. Avec appréhension, et du haut de mes vingt-huit ans, j'ai expliqué à deux « tueurs » les avantages de la perte de conscience préalable à la saignée, ceux des pistolets munis d'une broche pour transpercer la boîte crânienne des animaux. J'ai évoqué aussi la possibilité de la mort par gaz. Plus tard, je me suis rendue avec les mêmes arguments dans le bureau du ministre de l'Intérieur de l'époque, Roger Frey. J'ai pénétré dans les salons dorés du ministère, munie d'un pistolet électrique. En pleine époque de l'OAS, son service de sécurité avait même cru que je fomentais un attentat... Mon ambition, comme bien d'autres défenseurs des animaux, était de faire passer un décret qui interdirait la tuerie sans assommement préalable. Ce texte passa en avril 1964, il spécifiait que les animaux devaient être inertes au moment d'être saignés.

Cette victoire fut de courte durée, hélas. La cadence infernale imposée à ces centres de tueries ne permettant pas un traitement minutieux bête après bête, les animaux sont aujourd'hui tués à la minute, à la chaîne, les têtes sont coupées, les pattes arrachées, les ventres ouverts et éviscérés en un temps record. La rapidité est telle que les tueurs n'ont pas le temps de souffler et finissent par ne plus trop faire le rapport entre le travail qu'ils font et la torture qu'ils infligent aux bêtes. Du reste, des membres de ma Fondation qui se rendent dans les abattoirs m'ont rapporté que les pistolets sont souvent inopérants pour les bovins, il en est de même de l'électronarcose, l'étourdissement au moyen d'un courant électrique, pour les ovins. On sait que l'industrie d'abattage moderne a été calquée sur l'industrie automobile. Or il ne s'agit pas ici de carrosserie ni de moteur, mais d'êtres vivants.

L'Homme, ce petit « rien-du-tout »

Je suis très sensible à la transcendance, à ce qui nous dépasse. Nous faisons partie d'un tout : ce fait ne me quitte jamais. La nature, la Terre, l'espace forment un ensemble homogène et cohérent. Je ne me cantonne pas au terre à terre, bien que l'univers soit aussi un trou noir, un néant, un infini, mais cela ne me fait pas peur. Ce qui me fait peur, c'est de faire partie des humains. On m'a souvent reproché de mépriser ces derniers, en vérité ce sont les humains tournés vers eux-mêmes que je n'estime pas, les esprits étriqués, les Narcisse et les arrogants. Je méprise l'humain quand il se nie, quand il refuse d'accepter d'où il vient et la nature dont il est constitué.

Nous autres humains, sommes de « petits-riens-du-tout » dans l'immensité de l'univers. Et j'ai la certitude que, quand nous nous levons le matin, si avant toute chose nous nous remettions cette évidence à l'esprit, bien des désagréments nous seraient évités. Je n'aime pas l'avion et j'ai toujours évité de le prendre. Mais chaque fois que je me suis retrouvée dans les airs, j'ai été frappée par notre petitesse : vus d'en haut, les hommes ne sont rien, ils sont comme des fourmis, des grains de sable.

Le cosmos m'attire sans doute pour cela. Nous sommes totalement influencés par les étoiles, les planètes et leurs satellites. La Lune influence les marées ou les règles des femmes, les pleines lunes conditionnent parfois nos états d'âme et les réactions de certains animaux. Le ciel diffuse des ondes, qu'on le veuille ou non. Et cet univers n'est pas là pour rien : chaque élément de cette immensité exerce une force sur notre Terre. Chacune des naissances humaines est conditionnée par la danse des astres. À l'heure de notre arrivée au monde, des planètes passent dans le ciel, concordent ou pas entre elles, et au quart d'heure près, elles émettent des vibrations qui nous habiteront pour toujours. Toute ma vie, je me suis rendu compte que l'astrologie, les thèmes astraux qui étaient les nôtres correspondaient à des choses bien précises. Je ne parle pas des signes qu'on lit dans le journal. Je parle d'une astrologie fondamentale. Dans mes Mémoires[1], je racontais qu'une gitane avait pris les mains de mon père dans un bistrot et lui avait assuré que son nom serait connu outre-Atlantique et dans le monde entier. Et il avait alors pensé que les Usines Bardot feraient un malheur... Puis lorsque j'avais onze ans, Maman avait commandé un thème astral auprès d'un ponte en la matière du nom de Raps. Celui-ci avait prédit que je deviendrais extrêmement célèbre dans un domaine artistique. Et comme je faisais alors beaucoup de danse, Maman avait pensé que je deviendrais danseuse étoile. Raps avait ajouté que j'aurais une vie très mouvementée et assez chaotique. En effet, ma vie n'a jamais été un long fleuve tranquille...

J'ai été considérée comme l'une des plus grandes stars du monde, et pourtant, je ne suis rien. Cette

---

1. Brigitte Bardot, *Initiales B.B.*, Grasset, 1996.

lucidité m'a toujours habitée. Malgré mon statut hors norme, je ne suis rien et ce réalisme me vient de l'expérience de la vie, de sa fragilité aussi. J'ai appris que la vanité humaine ne servait à rien lorsque j'ai veillé mon père mourant pendant des jours et des nuits, en 1975. Quand la vie quittait le corps de mon pauvre Pilou qui était si vaillant, si poète[1], quelques mois plus tôt, j'ai su qu'il était inutile de s'accrocher à autre chose qu'à l'amour pur.

Tous les gouvernants, les décideurs vont mourir un jour. Ils vont pourrir et redeviendront poussière. La vie est étonnante, car le peu de temps que nous passons sur Terre, nous sommes constamment tentés d'oublier qu'on mourra tous comme des cons... Les hommes puissants comme les stars au firmament croient souvent qu'ils sont éternels. Ce qui m'a sauvé moi, c'est que je n'ai jamais compris ma gloire. Même maintenant, on continue à parler de moi mais je ne sais pas pourquoi. Je suis insensible au fait que l'on diffuse des photos de moi, que l'on érige encore des statues, je préférerais que l'on interdise l'hippophagie ou la saignée à vif des animaux à destination des assiettes. C'est comme la Légion d'honneur, je ne suis jamais allée la chercher.

Retourner dans l'anonymat le plus complet est mon rêve. Je me sens prisonnière de moi-même. La plupart des gens connus ne s'appartiennent plus vraiment, c'est vrai. Et si aujourd'hui j'accepte de parler de moi, même très intimement, si j'accepte de publier ce dernier livre à mon nom, c'est parce que j'en ai besoin, je veux balayer toute ambiguïté concernant ma vie et mes intentions, dans un souci

---

1. Louis Bardot, dirigeant d'entreprise, était aussi poète. L'Académie française lui a décerné le prix de la Fondation Labbé-Vauquelin pour son recueil *Vers en vrac*, publié en 1960.

d'honnêteté et de transparence. Je veux remettre à plat le sens de mon combat et rappeler toujours et encore la place qui doit être rendue aux animaux.

Égoïsme et narcissisme

En ayant conscience de ce rien que nous sommes, de ce court passage qu'est la vie, chacun devrait passer son existence à améliorer la nature et le sort des êtres animaux et humains. Le fait même de se reproduire est un besoin égoïste, si on le fait sans penser au « Tout » dont on fait partie. J'aimerais que l'on vive dans la mesure : connaître nos ressources, adapter notre faim, nos habitudes. Aujourd'hui, nous allons atteindre les limites : la nature se meurt, la pollution s'intensifie, les espaces sont exploités à mort et des races d'animaux disparaissent. L'égocentrisme est la destruction de l'humanité.

Nous assistons jour après jour à cette calamité et j'ai l'impression que cela ne révolte personne. Ou alors, les prises de conscience restent individuelles et isolées. Le massacre quotidien des derniers éléphants conduit à la disparition imminente de ces animaux : c'est le monde entier qui devrait se révolter, empêcher l'anéantissement d'une race entière. Les girafes, les lions, les rhinocéros sont en péril, des armées, des soldats devraient être envoyés, non pour attaquer, mais pour sauvegarder des vies. Est-ce que la vie animale compte ? Vous pouvez faire des micros-trottoirs, les gens vous diront « oui » et ils le penseront. Mais tant que ce n'est pas une masse qui bouge, personne ne bouge. C'est ainsi, l'humanité reste animale : elle fonctionne en troupeau.

L'homme est fondamentalement égoïste, la plupart des gens ne réagissent que lorsqu'une cause les touche vraiment : des grèves, des délocalisations, des destructions d'emplois, des problèmes concernant leur quotidien. Dans ces cas précis, les gens vont dans la rue, pas pour la survie des éléphants et des autres animaux. Je veux que le public s'indigne, qu'il sorte de son confort, de son nombrilisme, de son compteur à gaz et de sa machine à laver.

En définitive, ce que j'ai le plus rejeté dans ma vie d'actrice, c'est la lumière. Ce système centré sur ma petite personne me mangeait de l'intérieur. Le narcissisme m'est contre-nature. Et quand il fallait que j'aille dans des premières de films, que tous les projecteurs étaient braqués sur moi, je n'aimais pas du tout cela. Au moment de prendre la décision d'y aller ou pas, mon imprésario me donnait des coups de pied au cul. Ce culte de la personnalité, cette vie perpétuellement tournée vers moi-même m'ont étouffée. Je n'ai pas accepté bien longtemps l'idolâtrie, le fait d'être connue et reconnue pour quelques films ou l'idée que l'on se faisait de la femme moderne. Ma seconde partie de vie m'a libérée. Au moins, ma célébrité pouvait servir à quelque chose, mon passage sur Terre pouvait apaiser quelques souffrances animales. L'égoïsme est cruel. Quand on ne fait plus attention à personne, comment avoir le souci de bien se comporter avec les autres ?

Cruauté

J'ai commencé à me soucier sérieusement des animaux à la fin des années 1960, parce que j'ai senti une injustice et que personne ne s'en préoccupait. J'étais révoltée car on me disait que les tuer était nécessaire et, donc, qu'il valait mieux fermer les yeux. Se servir des animaux était, et est toujours vu comme le moyen le plus efficace dont on dispose pour nous nourrir, nous amuser, nous habiller... Assassiner des animaux, au quotidien et par milliards, était donc considéré comme normal.

À cela, s'ajoute la cruauté gratuite : je me suis souvent interrogée sur l'origine de la violence, de la méchanceté, de la cruauté. L'homme est la seule espèce prédatrice capable d'autant de perversion et de cruauté à l'égard d'autres animaux. Cette violence n'a qu'un but : posséder l'autre, l'utiliser ou le détruire.

Les scènes de cruauté sur des animaux que l'on peut voir défiler sur Internet ne sont rien d'autre que du sadisme. Une maladie. Comment voulez-vous qu'un être normalement constitué puisse jouir du fait de prendre un animal sans défense et le torturer ? Or, d'autres formes de cruauté, plus perfides, me terrifient : la cruauté qui sévit dans la tradition, l'industrie ou le laboratoire.

La « tradition » de la corrida n'est rien d'autre qu'un spectacle monstrueux d'agonie, de souffrance, de mort, de sang et de douleur. Pour le coup, les banderilles dans le garrot du taureau ne sont pas le fait d'un sadique isolé, mais celui d'un « spectacle », d'un rite sordide. Le taureau a, paraît-il, la chance de pouvoir s'en sortir ou alors de bénéficier d'une mort considérée comme « digne »... Le public jouit de la cruauté.

Cette même cruauté admise est présente dans les élevages industriels. Savez-vous par exemple ce que l'on fait de certains poussins mâles ? Ils sont broyés vivants, faute de pouvoir pondre des œufs et ne possédant pas les mêmes atouts que les poulets élevés pour leur chair. Savez-vous que l'on coupe la queue des porcs et qu'on lime leurs dents à vif ? Et l'ébecquage ? Les poussins sont mutilés, le bec est coupé par une lame rouge pour leur éviter de se nourrir de leurs excréments ou de picorer les cadavres des copains morts à leurs pieds dans des élevages où des milliers de bêtes sont concentrées.

Enfin, ce qui se passe dans les laboratoires d'expérimentation animale ferait trembler le pire des serial killers, les sévices qui y sont infligés aux chiens, chats, singes ou rongeurs dépassent tout ce que l'on peut imaginer. Vous me direz que « c'est une cruauté nécessaire », je vous prouverai que non dans le chapitre consacré à l'expérimentation animale.

Lorsque l'on commence à se soucier du bien-être animal, je vous assure que l'on peut passer de longues nuits sans dormir. Des images circulent dans notre tête, des cris aussi. J'ai vécu de grands moments d'épouvante, et de larmes bien sûr, avec cette question à l'esprit : au-delà des donneurs d'ordres, qui sont les robots froids et cupides, qui sont les exécutants et comment le vivent-ils ? Je crois savoir que ceux-ci ne se sentent pas coupables de commettre le pire. Ils se disent qu'ils obéissent et cela leur évite de se poser des questions morales et culpabilisantes. J'ai lu dernièrement qu'il était psychologiquement réconfortant de se soumettre aux règles, voire aux idéologies pour la plupart des êtres humains. Ce qui les empêche de réfléchir et donc de se sentir isolés si, d'aventure, il leur prenait l'envie de se révolter.

Le système industriel, la mondialisation de la cruauté broient la conscience des gens en même temps que la vie des animaux. Ces derniers ne sont plus que des objets, des machines et non plus des êtres vivants. Aussi, quelles que soient leurs motivations, tous les défenseurs de la protection animale ont mon respect. Car ce sont des révoltés, ce sont des gens qui disent NON à des choses qui semblent établies, à une cruauté organisée et acceptée par le plus grand nombre, à une idéologie de l'homme tout-puissant qui puise dans les réserves de la Terre, qui exploite, tant qu'il est encore possible de le faire, la vie animale. Je respecte et embrasse ceux qui ne désanimalisent pas les animaux et qui ne déshumanisent pas leur propre conscience.

Un combat pionnier

Il est immoral, anormal, inhumain de parquer les animaux dans un concept d'infériorité. Depuis les années 1960, je me suis battue pour leur considération, hélas, ce côté pionnier m'a coûté cher. On m'a ridiculisée, on m'a méprisée pour cela. On a été violent, car j'étais Brigitte Bardot et que l'on n'avait pas envie de m'entendre sur ce sujet. De plus, le moment n'était pas encore venu de poser le débat. Je m'en rends bien compte aujourd'hui. Ce n'était pas une époque où l'on avait envie de penser aux droits des animaux. Et je pense avoir fait pour eux ce que j'ai fait pour le cinéma : une avant-garde, donc une provocation. Il était impensable pour certains qu'une belle femme, au sommet de sa gloire, pense aux animaux, qu'elle se trimbale sur des plateaux télé avec des pistolets d'abattoir. J'ai choqué, balayé des idées préconçues, à ma façon. Quand j'ai tourné Et Dieu... créa la femme[1], j'ai fait naître un scandale infini et cela a modifié l'image de la femme et sa place dans le cinéma. La mise en scène de Vadim, l'esthétique du film ont aussi influencé beaucoup de cinéastes ensuite. Pour les animaux, c'était la même chose. Ma parole en leur faveur était entendue comme futile, idiote et superficielle ? N'empêche qu'aujourd'hui,

---

1. *Et Dieu... créa la femme*, film réalisé par Roger Vadim, 1956.

la question est réellement posée sur le sens de leur existence à notre contact.

Réclamer une considération pour les animaux a souvent été l'affaire d'« intellectuels », même si je n'aime pas ce mot car il suppose bien souvent une prétention, au détriment de l'expérience. Néanmoins, je ne peux que m'incliner devant ces femmes et ces hommes qui ont offert du temps et de l'écrit à cette cause : Léonard de Vinci, Marguerite Yourcenar, Romain Gary, Victor Hugo, Émile Zola, mais aussi Victor Schœlcher, qui a accéléré l'abolition de l'esclavage humain en France. Je salue les travaux des éthologues[1], les récents engagements de certains auteurs pour la protection animale. Dans leurs livres, ces êtres rêvent tous d'une communauté de vivants, ils ne dissocient pas la cause animale de celle des hommes... Malgré cela, de tout temps, le bien-être des animaux n'a jamais été pris au sérieux et assez étudié en profondeur. Aujourd'hui, j'observe que les choses commencent à bouger et j'espère que ces intentions susciteront des vocations.

Les intellectuels de la protection animale touchent les esprits, moi je suis la protectrice animale des cœurs. Ne faisant aucune différence entre les espèces, je suis « antispéciste[2] » de corps et d'âme, mais depuis quarante-quatre années, je le clame d'une façon différente des penseurs, sans termes savants. Mon combat à moi est physique et essentiel. Avec ma blondeur incandescente hier, et mes colères d'aujourd'hui, je n'ai jamais récolté le respect des intellectuels. Soit, je m'en réjouis. Je tire ma réflexion de mon expérience et de mon vécu.

---

1. L'éthologie est l'étude du comportement des espèces animales.
2. L'antispécisme est un courant de pensée refusant la hiérarchie entre les espèces animales, dont les hommes.

Je suis heureuse d'avoir pu vivre assez longtemps pour voir, lire, toucher du doigt le débat autour de l'antispécisme, le développement du végétarisme, l'essor du véganisme. Parfois, quand je suis découragée, quand je suis trop pressée de voir l'abolition de l'asservissement animal, je me dis que les choses aboutissent tout de même. À force d'avoir dénoncé, d'avoir manifesté, d'avoir répété les mêmes choses, de m'être fait photographier avec quantité d'animaux, cela a fini par toucher les gens, par entrer dans l'inconscient collectif. Quand je vois des associations accusant les cruautés des abattoirs, des militants s'infiltrant dans les arènes des corridas, ou des foules venues empêcher l'arrivée d'un cirque dans une ville, je me dis parfois, et sans prétention aucune, mais avec tendresse et fierté, que toutes ces personnes sont, un peu, quelque part, mes enfants.

Que l'on soit auteur, activiste ou représentant d'association, chaque voix qui s'élèvera contre la persécution animale concourra à faire avancer cette cause essentielle. Car accorder de la considération et le droit de vivre aux animaux est une évidence et une évolution logique de notre humanité.

Larmes

Je ne pleure jamais. Du moins, pas en public. Je m'y refuse. Ce serait pour moi un signe de faiblesse. Je n'aime pas me plaindre, j'ai horreur de l'impudeur des sentiments. Je n'aime pas faire partager mes douleurs profondes aux autres. Pas même à mon mari. En revanche, dans le secret de ma chambre, dans l'intimité de mon bureau, il m'est arrivé de me défouler, de véritablement me laisser aller.

Je suis extrêmement émotive sur bien des choses, mais les vraies larmes ne sont jamais versées sur mon sort, elles concernent la douleur et la souffrance d'autrui. Je pleure sur ce qui ne devrait pas exister, sur la cruauté pour la destruction, la barbarie, l'injustice. Je pleure pour les faibles, les hommes et les animaux.

Pour ceux-ci, ma peine est des plus intenses, c'est comme si ma vie s'en allait d'un coup d'un seul. Et Dieu sait que j'ai pleuré pour eux... Tant et si bien que lors d'une consultation chez un ophtalmologue, j'ai appris que je n'avais plus de larmes. Mon quota avait été dépassé. Dès lors, à certains moments, je peux avoir les larmes aux yeux mais il m'est impossible de les sortir. Je n'ai plus le potentiel, je l'ai usé, à force de trop pleurer. Avant 1973 et le début de mon engagement, je pouvais tomber dans des crises de larmes. Mais je n'ai jamais connu un abattement tel que je l'ai vécu au Canada, en 1977, après ma première conférence de presse houleuse, face aux journalistes et chasseurs locaux. L'un d'eux m'avait pris à partie avec le corps d'un bébé phoque fraîchement tué, gisant ensanglanté dans un sac en plastique. Je me suis ruée dans une pièce et j'ai succombé à une crise de larmes terrifiante, des sanglots à n'en plus finir. Isolée dans un recoin, je hurlais à la monstruosité humaine.

Ce jour-là, j'ai compris que les grandes douleurs sont muettes et qu'il est inutile de les exhiber.

C'est dans ce même pays, près de trente ans plus tard, que des pleurs lourds et abondants ont de nouveau coulé sur mon visage. Une fois de plus, durant une conférence de presse, je jouais toute ma vie pour qu'on fasse cesser les massacres des phoques. Et l'intensité de mes paroles était telle que l'émotion m'a envahie. Personne ne comprenait. Je n'ai pas pu m'en empêcher. J'avais mal, moralement et physiquement mal, de penser que les journalistes présents ne comprenaient pas ce que je disais. Et les larmes sont sorties d'elles-mêmes, comme une dénonciation sourde de l'infamie. J'ai pleuré devant tout le monde. Et ce n'était pas de simples sanglots, c'étaient des larmes. Des larmes de combat.

Le combat fondateur : les bébés phoques

Avec le recul, je me rends compte que ce choix de m'occuper des animaux va plus loin qu'une direction que j'ai donnée à ma vie, c'est une mission, celle d'aider l'autre et mon prochain animal. C'est une nécessité qui s'est imposée à moi.

Le symbole de mon combat reste les bébés phoques. Je suis mondialement connue pour cette photographie prise en 1977 sur la banquise avec un « blanchon ». Le terme de blanchon vient du magnifique pelage de ces petits animaux qui leur permet de se cacher plus facilement dans la glace. Après avoir été « couvé » et allaité par sa mère pendant plusieurs semaines, le blanchon va devenir phoque et son poil imperméable se colorer de gris. Les bébés phoques sont extrêmement vulnérables, particulièrement quand leurs mères partent pêcher. Durant cet intervalle, ils restent seuls sur la glace, emmitouflés dans leur fourrure et dans la peur d'être la proie de nombreux prédateurs comme les ours et, bien entendu, les hommes. Aussi, la chasse d'un blanchon est d'une facilité déconcertante car il ne se débat pas : il vit depuis à peine quinze jours, il est un bébé, il se laisse, innocent, approcher par les chasseurs et il est matraqué, tué à coups de gourdin puis dépecé, la plupart du temps encore vivant. Les armes spécifiques, appelées « Hakapik », sont constituées d'un embout métallique pour fracasser le crâne du phoque, et d'un long croc de boucher pour pouvoir traîner le corps du petit sur la glace. Il est bébé, il est fragile, il attend sa mère, puis il est dépouillé à vif. Les mères, impuissantes, restent ensuite plusieurs jours à côté du petit corps décharné, ensanglanté, tremblant et tentent de le réchauffer contre elles et parfois de l'allaiter, parce que c'est le seul moyen qu'elles connaissent pour donner vie à leur bébé...

Voilà pourquoi le combat animal confine à la morale. Voilà pourquoi je ne pouvais faire autrement que de m'engager.

La beauté et la bonté

« Il est merveilleux que la beauté et la grâce soient en même temps la bonté[1]. » C'est par ces mots que Marguerite Yourcenar clôtura une lettre qu'elle m'avait envoyée le 24 février 1968. Elle m'y demandait d'utiliser ma notoriété mondiale pour condamner le massacre des phoques. Mon intervention en faveur des bêtes d'abattoirs avait été telle que Marguerite Yourcenar était persuadée que je serais une formidable avocate pour persuader les femmes d'abandonner leurs vêtements de fourrure. Dans sa lettre, vive, profonde et engagée, telle qu'elle l'était, elle me parlait de cette industrie de la fourrure qui se repaissait de la douleur et de l'agonie animales, elle m'évoquait la « brutalité » et la « sauvage cruauté »

---

1. Marguerite Yourcenar, *Lettres à ses amis et quelques autres*, Gallimard, 1995.

de l'homme pour parvenir à ses fins. L'auteur me demandait donc de faire un geste en direction du Premier ministre du Canada ou toute autre action destinée à la condamnation de l'exploitation des peaux de phoques.

Je m'y employai neuf ans plus tard, sans penser un instant qu'une personne dans le monde avait déjà pensé à moi pour mener cette bataille. Car ironie du sort, je n'ai reçu cette lettre que beaucoup plus tard. Et lorsque je rencontrerai Marguerite Yourcenar lors d'une soirée épique, elle me rappellera l'envoi de ce courrier et sera surprise face à mon incompréhension : « Ce n'est pas moi qui vous ai incitée à vous rendre sur la banquise ? » me demandera-t-elle...

Marguerite Yourcenar a été la première femme élue membre de l'Académie française en 1980. Son discours d'entrée à peine formulé, on lui demanda si elle avait un souhait, elle répondit ; « Rencontrer Brigitte Bardot. » Or, recluse à La Madrague, je dois avouer que me rendre à Paris me cassait les pieds. Je respectais évidemment cette femme mais je n'avais rien lu d'elle et je fuyais ce genre d'invitation, ces cocktails, ces rendez-vous feutrés. Je déclinai son invitation, mais cela ne la refroidit pas, au contraire. Un soir de tempête, en revenant de La Garrigue, toute mouillée, crottée et entourée de mes chiens qui ne l'étaient pas moins, je commençais à faire un feu de bois, quand mon gardien m'annonça qu'une dame était à la porte. À cette heure et sous cette pluie ?

— Qui est-ce ?
— Elle dit s'appeler Marguerite Yourcenar.

Je fis entrer cette dernière, trempée comme une soupe avec un parapluie et des bottes. Elle était accompagnée de son chauffeur. Et comme dans la vie il y a des choses qui ne s'expliquent pas, je l'ai accueillie et nous nous sommes embrassées, comme si nous nous étions toujours connues. Marguerite Yourcenar était venue me voir sans me prévenir, pour être sûre que je ne dirais pas non. Et elle avait raison ! Après nous être séchées toutes les deux, nous avons débouché une bouteille de champagne et nous nous sommes parlé durant trois ou quatre heures. Je lui ai proposé une soupe de légumes sur la toile cirée de la cuisine qu'elle n'a pu accepter, étant attendue pour un dîner avec Gaston Defferre, le maire de Marseille. J'ai aimé ce rapport intime avec Marguerite Yourcenar. Nos discussions étaient simples et profondes. J'avais La Madrague, elle avait Petite-Plaisance, une maison aux États-Unis qu'elle considérait comme son refuge. Elle y travaillait au calme, entourée de ses compagnons sur pattes. Plus tard, elle m'a transmis ses livres en prenant bien soin de ne pas m'en envoyer des trop compliqués. Marguerite Yourcenar me comprenait. Elle m'avait dit que j'allais m'emmerder avec ses *Mémoires d'Hadrien*[1], le livre majeur qui fit son succès mondial. Nous ne nous sommes jamais revues mais j'ai entretenu une longue correspondance avec elle, jusqu'à sa mort.

« B.B. Phoque »

C'est donc en voyant des images terrifiantes de phoques massacrés à la télévision que j'ai décidé d'aller au Canada. Au début des années 1970, des articles précisaient que les tueries concernaient 150 000 à 300 000 phoques chaque année. Les phoques étant principalement tués pour leur peau et leur fourrure, utilisées par l'industrie de la mode,

---

1. *Mémoires d'Hadrien*, Plon, 1951.

et pour leur graisse et leur huile, utiles à l'industrie pharmaceutique. Sans oublier leurs pénis, dont la poudre sert encore d'aphrodisiaque aux Asiatiques.

En avril 1976, sans Fondation et n'ayant que ma notoriété comme arme, je favorisai le déclenchement d'une vaste campagne internationale et menai une manifestation devant l'ambassade de Norvège, pays, avec le Canada, concerné par ses massacres. Je ne me doutais pas que les hostilités à mon égard allaient déjà démarrer sur le pavé parisien... Mais ce n'était rien, comparé à ce que je vivrais outre-Atlantique.

Car devant la surdité ambiante, je devais déclencher une vraie guerre contre les bouchers de la banquise. J'en trouvai l'occasion en 1977, en offrant mon aide à Franz Weber, un journaliste suisse, écologiste et défenseur, entre autres, des phoques. Ma lettre, datée du 17 février, fut comme une bouteille lancée à la mer, je lui disais que « mon temps, mon nom, mon argent, ma personne » pouvaient lui être utiles et l'assurais de mon envie de « vaincre la connerie humaine ». Je n'y étais pas allée par quatre chemins, je devais le toucher le plus possible et lui faire comprendre ma détermination. Ce fut chose faite.

Nous nous sommes rencontrés et avons décidé de mettre nos forces en commun lors d'une dénonciation médiatique et mondiale qu'il souhaitait organiser sur les lieux mêmes des chasses, en mars de la même année. Nous sommes donc partis ensemble, accompagnés d'une équipe de télé, de l'organisateur Hubert Henrotte, et de Mirko mon compagnon, pour la côte est du Canada dans la bourgade la plus proche de la banquise. Après quelques jours sur place, des boycotts canadiens, des rencontres avec des représentants de chasseurs, une conférence de presse houleuse et plusieurs tentatives pour atterrir en hélicoptère sur une plaque de glace, j'ai pu, aux dernières heures de mon périple, serrer contre moi un bébé phoque, dont l'innocence et la pureté m'ont accompagnée le reste de ma vie.

Ce jour-là, face à ce paysage de merveille et de désolation qu'est la banquise arctique, dans ces quelques minutes de corps à corps avec ce bébé phoque que je ne reverrais plus, je me suis fait la promesse de passer mon existence à tenter de sauver la leur. À mon retour en France, épuisée, malmenée mais forte de mon expérience, je ne me sentais déjà plus vraiment la même. Quelque chose avait grandi en moi, une certaine gravité était apparue dans ma voix, mon regard était plus aiguisé. Le combat qui était le mien avait pris racine. Je commençais à toucher du doigt ce pour quoi j'étais faite, cette conscience d'être habitée par et pour l'Être animal[1].

J'ai tout appris de mon « sacerdoce » de défenseur des animaux avec cette bataille. Car ce que je ne soupçonnais pas, c'est que le combat se menait sur le terrain mais aussi dans les beaux salons dorés des instances nationales et européennes. Déjà, durant ce voyage, je fus touchée par un soutien de taille : j'appris que le président Giscard d'Estaing venait d'interdire l'importation de peaux de blanchons en France. Et l'année d'après, je fus justement invitée au Conseil de l'Europe pour plaider la cause des bébés phoques et militer pour un embargo européen. J'entrais dans une autre dimension... J'avais été actrice, j'avais brillé sur les tapis rouges et lors d'interviews légères où je ne manquais jamais de sortir quelques bons mots, j'avais partagé ma vie avec des artistes, des dandys et là, je parlais, argumentais et tentais de convaincre des hommes au

---

1. Brigitte Bardot a longuement décrit son périple canadien de 1977 dans *Le Carré de Pluton*, Grasset, 1999.

regard d'acier, vêtu de costumes-cravates parfaitement taillés. J'ai dû appréhender la bataille politique comme je l'ai toujours fait dans des situations où je pouvais me trouver mal à l'aise : avec naturel. J'avais beau parler devant des sommités internationales, je restais la même. Tout ce qui m'importait étant la vie des animaux. Aussi, pour appuyer ma démarche, j'avais quelques notions techniques, des chiffres, des témoignages mais ma sincérité restait essentielle pour plaider et faire arrêter ce massacre. Hier comme aujourd'hui, ce n'est pas avec des statistiques qu'on atteint le cœur des gens, même quand ils sont dans des bureaux.

Ce premier chapitre européen contre la cruauté sur les animaux aboutira, en 1983, à la fermeture des frontières européennes aux fourrures de blanchons. Bien sûr, cette interdiction européenne sera couronnée dans les faits par la très forte diminution des chasses. En 1987, devant la dégringolade de l'économie du phoque, le Canada finira par interdire la traque des blanchons[1].

La défense des phoques restera le fil rouge de mon combat. Car les quelques années de répit pour ces pauvres créatures furent minces. En 1995, le Canada reprit la chasse intensive, non plus de blanchons mais de « juvéniles », des bêtes « adolescentes » d'une vingtaine de jours. Avec ma Fondation, j'organisai une conférence de presse à Paris et me rendis aux ambassades de Norvège et du Canada. Malheureusement, au début des années 2000, les tueries explosèrent.

En 2006, je décidai donc de repartir au Canada. Les révoltes du monde entier abondaient de toutes parts.

---

[1]. Source chiffres : Fondation Brigitte-Bardot, bureau de protection animale.

Mais le nouveau Premier ministre canadien, Stephen Harper, restait sourd. Mes lettres de suppliques à son attention demeurèrent sans réponse. Les pétitions et demandes de rendez-vous à Kofi Annan se soldèrent également par un échec. Le 14 février, ces signatures furent déposées à l'ambassade du Canada, à Paris, par Robert Hossein et Candice Patou, Dany Saval et Henry-Jean Servat, représentants de la Fondation, soutiens et amis de toujours. Trois jours plus tard, nous apprenions, effarés, effondrés, écœurés, que le quota était revu à la hausse.

Souffrant d'arthrose, malgré mes jambes fragiles et douloureuses, je décidai de me rendre à Ottawa avec mes cannes anglaises, vingt-neuf ans après ma première expédition sur la banquise, pour rencontrer le Premier ministre. Le mardi 21 mars, un avion décollant de Roissy vers Ottawa, *via* Londres, nous emmena vers la froideur canadienne... C'est peu de le dire, mais j'étais bien décidée à aller jusqu'au bout.

À notre arrivée, la police de l'immigration me pria de la suivre pour interrogatoire où l'on me questionna durant deux heures sur mes motivations. On me fit attendre debout, on ironisa sur mes demandes d'entrevues que je n'obtiendrais jamais, selon les dires des policiers. Ils avaient malheureusement raison. Le Premier ministre ne voulait pas me recevoir, soumis aux pouvoirs assassins des lobbies des chasseurs canadiens. Contrainte de régler 200 dollars canadiens de caution pour un permis de séjour de trois jours, je m'exécutai et réitérai mes demandes pour rencontrer Stephen Harper.

Ma première visite en 1977 avait durablement laissé un goût amer dans ce pays qui était dès lors divisé entre les défenseurs des phoques et les tenants d'une tradition inaliénable. Pis : le bruit courait que je pouvais commettre un attentat... Quelle drôle d'idée ! À presque quatre-vingts ans, avec mes deux béquilles je n'en menais pas large. Je me suis néanmoins rendue au bureau du Premier ministre, j'ai été accueillie froidement par le concierge à qui j'ai donné une lettre, et la réponse a été : « Dehors. » C'est là que le chef du gouvernement me fit part d'un fax refusant, sans réserve, de me recevoir, pas plus que d'échanger par téléphone. Une conférence organisée pour le lendemain faisait déjà grand bruit.

Seul Paul Watson, dont j'avais fait la connaissance sur la banquise en 1977, le créateur de Sea Shepherd, l'ami fidèle de mes campagnes canadiennes, était à mes côtés pour cette éprouvante rencontre avec les journalistes. Paul avait appris mon déplacement au Canada et était venu me prêter main-forte. Je ne l'attendais pas du tout : il me sera d'un soutien vital.

Car naïvement, j'avais cru qu'on serait touché par la vieille dame que j'étais devenue. Je m'étais trompée. Durant la conférence de presse peuplée de deux cent cinquante journalistes et dix-sept télévisions, évidemment rudes, évidemment sans concessions, Paul se tenait, silencieux, près de moi et, dès que la fatigue me submergeait ou que les mots anglais me manquaient, il prenait systématiquement le relais avec fougue. Je savais que j'étais écoutée et que ma parole devait être claire, forte et convaincante. Le fait de dénoncer une culture ancestrale attirait, encore au IIIe millénaire, la hargne des Canadiens. Nous diffusions des images insoutenables de tueries. Je ne pouvais les visionner. Or, les cris de douleur des phoques martyrs de ce film m'ébranlaient. Les lumières se rallumèrent, l'assistance fut médusée devant mon abattement.

Alors, n'y tenant plus, folle de désespoir, je suppliai pour que ce massacre « cesse avant ma mort, qu'au moins ma vie aura servi à quelque chose ».

L'impact médiatique de cette conférence de presse fut retentissant, car celle-ci avait été retransmise, en direct, sur les chaînes canadiennes et américaines.

De retour en France, encore émue et éprouvée par ce voyage, j'obtins un rendez-vous au sein de la Commission européenne avec Stávros Dímas pour sensibiliser le commissaire européen qu'il était sur la situation des phoques et la nécessité de proposer un embargo sur tous les produits issus de ce massacre... Au même moment, ma Fondation réclamait le soutien du Parlement européen pour demander à la Commission de présenter une interdiction du commerce lié aux phoques.

Ma rencontre avec Stávros Dímas fut déterminante. Mon état physique n'avait plus rien à voir avec la femme de quarante-deux ans qui s'était autrefois présentée devant les instances européennes, cette fois-ci mon pas était lourd, ma silhouette imposante et mon souffle court. Mais ma détermination était intacte. Puisant dans l'émoi qui était le mien, sans fard aucun, mais parlant avec le cœur, j'expliquai à ce monsieur très à l'écoute, et dans un anglais qui n'en était pas un, le déroulement des chasses, le business des peaux de phoques. Nous lui avons aussi montré des vidéos de massacres au Canada.

Au moment où je me remémore ces souvenirs, des frissons me parcourent le corps. C'est si puissant de vivre cela, car c'est un combat à la vie, à la mort.

Alors, faisant fi de toutes convenances, comme s'il s'agissait de ma propre vie, comme s'il s'agissait de la survie de mes propres enfants, j'ai supplié, supplié encore et encore Stávros Dímas de tout faire pour que l'Union européenne rejette les importations de peaux de phoques et pinnipèdes ainsi que tous les produits dérivants... Par ailleurs, profitant de ma présence à la Commission européenne, je me rendis au bureau de Márkos Kyprianoú, qui travaillait alors avec ma Fondation à la fermeture des frontières européennes aux fourrures de chats et de chiens. Ce que nous étions sur le point d'obtenir pour nos compagnons, et que nous avons obtenu quelques mois plus tard, nous devions absolument l'obtenir également pour les phoques...

En 2008, le commissaire européen choisit le jour de la Sainte-Brigitte, le 23 juillet, pour présenter sa proposition de règlement visant à fermer les frontières européennes aux produits issus de la chasse des pinnipèdes, c'est-à-dire les phoques, morses et otaries. Dans sa présentation à la presse, Stávros Dímas rendit hommage à mon action et à celle de ma Fondation. Et pour appuyer sa proposition, il y ajouta un avis accablant de l'EFSA, l'Autorité européenne de sécurité des aliments, où il était expliqué que les phoques pouvaient être dépecés conscients, ce qui entraînait une agonie lente et douloureuse.

On n'imagine pas qu'une telle avancée, si évidente soit-elle, réclame autant de patience et de pugnacité. Car chaque étape du processus est importante pour faire accepter une loi. Après la proposition du commissaire, ma Fondation se lança dans un long travail de lobbying auprès des représentants européens. Il fut très efficace. Car le 5 mai 2009, j'obtins la plus grande victoire de mon combat : le règlement européen interdisant l'importation et le commerce des produits issus des phoques fut adopté.

Cette décision fut le sceau d'un combat de trente ans.

Cette immense victoire, si symbolique, si forte, si vitale pour moi, me donna cette satisfaction unique de pouvoir épargner quelques vies, pas moins de 350 000 phoques chaque année, soit plusieurs millions depuis l'adoption du règlement.

Et cette protection que permet l'embargo européen tient bon, malgré les coups de boutoir du Canada et de la Norvège. Car les deux pays continuent de contester l'interdiction de l'Union européenne qui fut vraiment effective à partir de 2010. Le débat oppose toujours les défenseurs de la cause animale aux chasseurs et profiteurs de la vie des pinnipèdes qui estiment que, grâce à eux, la population animale de la banquise est régulée. Un autre de leurs arguments concerne les traditions séculaires des Inuits. Or, nous avons toujours veillé à faire la différence entre la chasse commerciale et la chasse traditionnelle qui ne concerne justement pas les bébés phoques mais une poignée de phoques adultes chaque année. Ce n'est pas la même dimension, ni la même cruauté ! Enfin, selon les pêcheurs, les phoques seraient une menace pour l'environnement car coupables du déclin de la population de morue... Comme si les pinnipèdes en étaient les seuls prédateurs ! Ma Fondation soutient aujourd'hui un Centre de soins et de réhabilitation pour la faune sauvage, près de Vancouver. Les phoques y vivent avec bonheur et la plupart sont relâchés ensuite dans leur milieu d'origine.

Encore aujourd'hui, je suis bouleversée par ce progrès, et dans le même temps, je garde néanmoins ce goût amer d'avoir attendu trente années pour l'obtenir. Et parfois j'ai peur, j'ai peur du temps qui file à toute vitesse, de la lourdeur administrative, de l'inertie des peuples, de l'indifférence des politiques, oui, parfois j'ai peur que du haut de mes quatre-vingt-trois ans, je ne puisse plus éprouver de victoires animales de cette envergure.

Chouchou

Je garde une tendresse infinie pour les phoques et je ne peux refermer ce chapitre sans évoquer Chouchou. C'était mon petit phoque, mais je n'ai pas pu le garder dans ma maison de Bazoches, il dormait et prenait trop de place dans le poulailler devant la cheminée ou dans le panier des chiens... Il était devenu aussi grand que ma piscine. Hélas, il n'existait pas encore de centres de sauvegarde comme il en existe aujourd'hui et j'ai dû confier Chouchou au Marineland d'Antibes qui n'était pas encore, à l'époque, le parc de spectacles d'animaux qu'il est désormais et qui m'effraie. Il était destiné, de manière très artisanale, à la survie des espèces.

Chouchou était si drôle... C'est en 1976 qu'il me fut confié par un chalutier français de Terre-Neuve qui l'avait trouvé seul, abandonné, dérivant sur un morceau de glace. On me donnait rendez-vous à Fécamp pour l'adopter, je n'ai pas réfléchi un instant...

Notre rencontre inaugura une longue relation d'amitié. Peu à peu le pelage enfantin devint gris et Chouchou grandit beaucoup. À Bazoches, il vivait comme un chien. J'envoyais la balle à ces derniers et mon phoque courait la chercher avec ses nageoires. Les chiens venaient dormir autour de moi, Chouchou aussi réclamait son compte de câlins, sa tête posée sur mon épaule.

Mon phoque fut tellement materné qu'il a toujours été impossible de lui faire manger des poissons. Il était habitué à boire des biberons avec de l'huile de foie de morue et des poissons écrasés au mixer. Et quand, un jour, j'ai voulu lui ouvrir le bec pour lui donner des poissons ronds (parce que les phoques doivent manger des poissons ronds, et non plats, pour que cela ne reste pas coincé dans leur gorge), il me les recracha dans la figure. Cette odeur de bouillie de poisson collée à mes cheveux me soulève encore le cœur aujourd'hui... Chouchou se comportait comme un éternel patient mais il grandissait si vite... L'adolescent de plus de 120 kg qu'il était devenu ne pouvait plus se nourrir exclusivement de biberons. Un ami de Paul-Émile Victor m'a alors conseillé de me séparer de cet imposant adulte et de lui offrir un endroit, peuplé d'autres phoques, qui lui montreraient comment manger du poisson... Et c'est ainsi que j'ai pris la décision de quitter mon Chouchou...

Après l'avoir confié au directeur de Marineland, je m'y suis rendue deux fois. Chouchou me manquait atrocement. La première fois, lorsque je suis arrivée devant l'enclos où il bronzait avec des congénères, je me suis tout de suite assurée que le bassin était spacieux et que des petites maisons avaient été installées. L'une d'elles avait même été baptisée « La Madrague »... Chouchou vint immédiatement vers moi. Cela me déchira le cœur. Je criais son prénom : « Chouchou, viens, mon Chouchou », je pleurais, il arrivait en trombe, avec ses grosses nageoires, et poussait les cris d'allégresse si caractéristiques des phoques... Je le touchais, je l'embrassais... puis le laissais, avec ce sentiment terrible de l'abandonner une seconde fois, mais je ne pouvais faire autrement. Lors de la seconde et dernière de mes visites, il avait beaucoup vieilli, et il ne me reconnaissait plus. Mes appels « Chouchou, mon Chouchou » restèrent sans réponse, je le scrutais, affalé sur le sol, il était phoque, il était vieux, et je n'avais pas été là pour l'accompagner durant ses dernières années. Et puis un jour, le Parc m'avertit de sa disparition. Chouchou était mort de sa belle mort, à vingt ans. Le téléphone raccroché, je me suis assise. Tête baissée, mes larmes coulaient le long de mes joues, jusqu'à mes mains que je serrai, en gardant au creux des paumes le souvenir chaud et rassurant du pelage de mon amour de phoque.

Femme de terrain

Mon premier déplacement au Canada m'a donné le goût et la nécessité du terrain. Quand j'ai décidé de prendre le combat animal à bras-le-corps, je souhaitais aller me confronter aux situations, voir de mes yeux l'innommable ou l'inévitable. Jusque très récemment, j'ai eu besoin de dénoncer, de voir et, si je n'allais pas sur place, je savais que je pouvais manquer de conviction dans mes propos, voire de légitimité aux yeux des autres. Il faut avoir vu pour dire : « C'est dégueulasse, c'est immonde, c'est triste », avec la force du désespoir. La plupart du temps, je me suis battue, tantôt contre des murs, tantôt contre de vrais adversaires ou encore des moulins à vent. Ce combat est difficile et de longue haleine. Tant et si bien qu'au bout d'un moment, je parvenais quand même à trouver la faille et faire passer mon émotion.

Je ne sais à quoi cela peut tenir, mais je ne lâche jamais rien, je vais au bout de tout ce que j'entreprends. L'une de mes dernières batailles est axée sur l'hippophagie. Je me bats, depuis près de cinquante ans, mais rien ne bouge. Malgré les propositions de lois, les dénonciations... malgré l'inertie, j'irai jusqu'au bout. Et même peut-être au-delà...

Outre les phoques, l'un de mes souvenirs les plus terribles se situe en 1981. C'était le soir de Noël, je m'étais rendue dans un refuge de Longpré-les-Amiens, dans la Somme. Un courrier m'avait été adressé pour dénoncer l'insalubrité des lieux et le cauchemar d'animaux incarcérés. J'étais accompagnée, entre autres, de Liliane Sujanszky, grande protectrice des animaux qui a dirigé la SPA, et de Allain Bougrain-Dubourg. Nous ne savions pas ce que nous allions découvrir. Ce qu'on a vu ce soir-là dépassait tout ce que l'on peut imaginer. Une soixantaine de chiens se mangeaient entre eux, une chienne était en train de mettre bas et les autres dévoraient les chiots qui lui sortaient du ventre. Une vingtaine de chats mouraient de coryza, une infection grave pour eux. Comme de véritables hors-la-loi, munis de pinces-monseigneur, nous coupions les grilles des chiens pour sauver ceux qui pouvaient encore l'être. Ce sauvetage réalisé sans autorisation se fit dans l'urgence la plus totale et en pleine nuit. Et au moment où nous devions quitter les lieux, je voulus sauver une chienne totalement décatie, au fond de son box. Je ne parvenais pas à ouvrir sa grille, les autres me criaient qu'il fallait laisser tomber. Je ne voulais pas, je ne pouvais pas fuir en abandonnant cette chienne qui me suppliait du regard. Je luttais et m'emparai d'un gros caillou pour exploser le verrou rouillé qui céda sous ma ténacité. La chienne sauta sur moi et nous sommes partis en courant. Seulement voilà, nous n'avions pu secourir les chats qui se situaient dans une chatterie glaciale dotée d'un radiateur électrique poussif. Alors que nous prenions nos jambes à notre cou, nous entendions ces pauvres victimes tousser, éternuer, mourir. Nous ne pouvions rien faire, nous ne pouvions pas tous les sauver. Alors, on les a laissés. Et cette blessure est encore à vif, plus de trente-cinq ans après. Ne pas porter assistance à des animaux en souffrance, au moment où je le pouvais, me donna envie de hurler à la mort, moi aussi. Nous emmenions des dizaines de chiens dans des camions, des box chauffés avaient été affrétés par la SPA. Moi-même, j'avais entassé pas moins de dix chiens dans ma Range Rover. Au cœur de cette nuit de Noël froide et mystérieuse, perdue dans les plaines picardes, nous venions de quitter l'enfer pour rendre une vie plus digne à ces chiens qui jappaient de joie. Tandis que d'autres petits chats miaulaient leurs derniers souffles... Ma hargne était à son comble.

Je commençais à ressentir en moi cette rage qui grandira chaque année dans mon cœur et mes tripes. Cette hargne qui fait déplacer des montagnes mais qui peut être aussi couronnée d'indifférence. Cette colère qui monte en moi comme une force venue d'ailleurs, capable du meilleur comme du pire, parfois.

Mes débuts dans l'activisme animal ont réellement été accompagnés par la formidable Liliane Sujanszky. Avec elle, je me suis également rendue dans le zoo de Vendeuil, près d'Amiens : un mouroir à ciel ouvert. C'était en novembre 1988. Des singes, loups, panthères et lions, ou plutôt leurs carcasses grelottantes mouraient dans le froid. Nous rachetâmes plus d'une centaine d'animaux pour les placer dans des lieux d'accueil comme chez Christian Huchédé, au Refuge de l'Arche, dans la Mayenne.

Une autre fois, aux côtés de Roger Macchia, président du CHEM, le Centre d'hébergement des équidés martyrs, j'ouvris les yeux sur le cruel traitement des chevaux envoyés à l'abattoir. Des convois terrifiants entre la Pologne et la France transportaient des bêtes qui n'étaient plus que l'ombre d'elles-mêmes. Je reviendrai plus tard dans ce livre sur cette tragédie qui fait partie de mes combats viscéraux.

Chaque étape me désespérait toujours plus. Lorsque l'on s'engage dans un tel combat, il faut avoir le cœur bien accroché, car chaque révélation atomise le cœur et l'esprit. Tous les sites visités, les rencontres organisées possédaient leur lot de gravité et de questionnements, auxquels je n'ai toujours pas de réponse : comment peut-on laisser faire cela ?

Une autre image me revient à l'esprit. Début 1991, 80 loups de Hongrie étaient destinés à l'industrie de la fourrure ou à la naturalisation pour être exposés au Muséum de Budapest. Le maire de la ville appela ma si frêle Fondation à la rescousse. Une fois de plus, Liliane fut extraordinaire. Forte d'une équipe constituée pour l'occasion de camions, d'autorisations ministérielles et de validations vétérinaires, Liliane organisa et accompagna un convoi durant trois jours et trois nuits, pour sauver ces loups. Le 2 mars 1991, je les rejoignis en Lozère où Gérard Ménatory devait les accueillir dans son parc du Gévaudan. Le matin du départ, Europe 1 m'avertit que Serge Gainsbourg était mort. Je me souviendrai toute ma vie de ce sentiment éclaté : ce combat pour la vie, le sauvetage d'un animal sauvage, et la disparition d'un être cher, un homme que j'avais aimé, un sauvage aussi, un grand sensible, inapte au quotidien basique des mortels et, en fin de compte, à la vie d'ici-bas. Arrivée au parc, Gérard m'invita dans l'enclos de cinq louves sauvages. Seule, en peine, je restai assise au milieu d'elles. Les femelles me flairaient, me caressaient presque. Leur bonté était extraordinaire. Leurs sens aussi. Quelques larmes ruisselaient sur mes joues. Elles contenaient un monde immense de douleur rentrée. Les louves le percevaient. Elles m'accompagnaient. Pendant ce moment suspendu, je n'ai plus été moi-même, j'étais en communion avec l'animal car il me ressentait. À quatre pattes, comme il faut l'être devant un loup, l'une des femelles m'embrassait sur la bouche quand une autre tentait d'attraper une fleur accrochée dans mon chignon. Je me retournai, lentement, très lentement, pour ne pas l'effrayer, et croisai son regard jaune, vert, intense.

Au contraire d'un chien que l'on apprivoise, le loup nous domine, son œil fugace, sa démarche aérienne en font le fauve par excellence. J'accepte volontiers sa force et son désir de conquête. Et s'il fallait que je vive à quatre pattes devant un loup pour toujours, je le ferais. Cet épisode de ma vie fait partie de ces grands rendez-vous qui assirent mon choix, et qui me confortèrent dans l'idée que l'animalité est un monde extraordinaire dont nous ne connaissons que ce que nous souhaitons et ce qui nous sert. Face à cette scène avec les louves, comment douter un instant de leur conscience et de leur compassion ?

La Fondation Brigitte-Bardot

Je compare souvent mon combat à un sacerdoce. Je pense que je ne suis pas loin du compte. C'est très pénible, parfois plus désespérant que glorifiant, et l'aptitude au don de soi est essentielle. La protection animale est une religion. Tout est parti d'une conviction que j'avais : l'humanité n'est pas au centre du monde, l'animal n'est pas esclave de l'homme, l'asservir et le maltraiter nous rend inhumains.

M'engager en quittant le cinéma fut la chose la plus facile, mais ensuite, il fallait créer la structure de cette révolte. J'ai appris année après année, jour après jour, et j'apprends encore. Au début, je me suis rendue disponible auprès de formations comme la SPA et la LFDA (La Fondation droit animal, éthique et sciences). Le gros de mon action était centré sur mes déplacements dans des refuges, je soutenais les résidents, j'en adoptais et les emmenais chez moi, à Bazoches. Je rencontrai ainsi mon mouton et mon âne, Nénette et Cornichon, que je sauvai de l'abattoir. Ma popularité était telle que j'étais encore très demandée dans les médias, si bien que l'on m'invitait à des émissions thématiques comme « Aujourd'hui Madame » en 1974, « Au pied du mur » sur les zoos en 1975, « Les Dossiers de l'écran » en 1980, « Entre chien et loup » avec Allain Bougrain-Dubourg en 1987. Je croyais à l'exposition, au « matraquage », à la force de la parole répétée, à la dénonciation constante.

Mon idée était de créer une association pour acquérir la crédibilité, voire la reconnaissance que j'espérais sur la condition animale. Étant en tout point étrangère à la chose administrative, aux papiers, aux comptes, aux lois, que sais-je..., durant la décennie 1970, je restai entourée par la même équipe, ma mère, mes amis et Michèle ma secrétaire qui m'aidèrent à mener à bien ce projet. Je les projetais dans des préoccupations bien différentes de celles qui étaient les nôtres jusqu'ici. Mais soit, ils m'aimaient ? Ils épouseraient donc mon combat ! En 1976, avec l'aide de Philippe Cottereau, le bras droit de Paul-Émile Victor, on me prêta une pièce dans ses bureaux de Saint-Cloud. Mais des montages financiers hasardeux, des gains trop rares ou tombant directement entre les mains des créanciers de l'association de Paul-Émile Victor transformeront rapidement la belle aventure en déroute, ce qui m'a coûté très cher. Les fonds encore maigrichons de ma toute jeune association servaient à payer les factures des bureaux de Paul-Émile Victor ! Jusqu'ici, j'avais eu une immense confiance et un respect sans limites pour cet homme : à partir de ce moment, j'ai rompu tout contact avec lui, très déçue. Et concernant mon association, j'ai dû tout rembourser de mes propres deniers, y compris les donateurs et ceux qui m'avaient envoyé de l'argent. Ces choses réglées, j'ai ensuite envoyé tout promener. Si c'est comme ça, je ne demanderai l'aide de personne et je ferai tout, toute seule !

Parallèlement à ces soucis bureaucratiques (si on peut dire !), je poursuivis mes visites sur le terrain, jusqu'en 1977, où mon premier combat canadien fut extrêmement médiatisé à travers le monde. Je devins la pasionaria des phoques et du même coup, de la protection animale. Forte de cette exposition, je rencontrai des pontes en la matière : Allain Bougrain-Dubourg et Liliane Sujanszky, déjà cités, mais aussi Bruno Laure[1], le professeur Jean-Claude Nouët[2], à qui j'offris ma célébrité pour mettre en lumière ci ou ça. Leur autorité et mon aura conjuguées nous ouvrirent les portes de ministères, mais cela s'arrêtait là ! Car je découvris peu à peu le mur de plomb de la politique. Les portes s'ouvraient pour Brigitte Bardot... Hélas, j'étais toujours regardée, rarement écoutée. Je compris que la protection animale n'intéressait pas grand monde et que le maître mot d'un tel engagement était « persévérance ».

Je suis revenue sur cette époque dans le second tome de mes Mémoires, *Le Carré de Pluton*. Je ne regrette pas ce titre qui définit un rendez-vous astral très difficile où, entre quarante et cinquante ans, j'ai dû combattre des forces de possession. Je m'en suis sortie, mais j'en garde un souvenir âpre. Ma Fondation est l'histoire d'une réussite mais je crois l'avoir réalisée pratiquement seule. C'était une époque où j'étais isolée, sans mari, sans parents (Maman

---

1. Président de LAF-DAM, Ligue antivivisectionniste de France – Défense des animaux martyrs, qui a fusionné avec l'association Æqualis pour devenir Talis, puis One Voice.
2. Fondateur, président d'honneur et président de la Fondation droit animal, éthique et sciences.

est partie en 1978), aucun bâton auquel m'accrocher. Combien de fois ai-je eu envie de laisser tomber... Toute cette administration me dépassait. Cette dizaine d'années, entre le milieu des années 1970 et le milieu des années 1980, ce Carré de Pluton, a été la période la plus difficile de ma vie, une vraie traversée du désert. Et pour couronner le tout, un cancer du sein se déclara. Je me souviens de ces heures de douleurs sournoises, de ces rendez-vous médicaux, de cette opération où l'on a gratté mes ganglions, et de ce paradoxe terrible : j'étais toujours Brigitte Bardot pour le monde, mais je me sentais abandonnée. Qui aurait alors pu imaginer que la Juliette de *Et Dieu... créa la femme* ou le sex-symbol de « Harley Davidson » vivait recluse comme jamais à La Madrague ? Je ne pouvais plus bouger mon bras gauche. J'avais mal, si mal. Et puis mon gardien a eu la bonne idée de me quitter... Pour la première fois de ma vie, mais au plus mauvais moment, je m'occupais de ma maison, je vidais mes poubelles avec un sein foutu en l'air et un bras pas fonctionnel pour un sou.

Cette décennie fut comme « le négatif » de ma vie, après une existence hors norme de lumière, de réussite, de gloire, ce fut comme si on me reprenait tout... Et je devais probablement comprendre certaines choses. Après une période faste, je devais endurer, moi aussi, certaines épreuves. J'aurais dû en crever mais je m'en suis sortie. Je crois que je ne méritais pas forcément tout ce qui m'est arrivé, mais les obstacles que j'ai dû franchir étaient à la hauteur de ce que j'avais vécu. Ma vie est ainsi : tout ou rien, l'extrême gloire et l'extrême désespoir, l'extrême amour que l'on me porte et parfois l'extrême aversion. Entre les deux, il y a des choix, des étapes à franchir, des rencontres aussi. Entre les deux, il y a un équilibre à trouver et c'est cette recherche-là qui est, sans doute, la condition de la sagesse.

En 1986, je tentai une nouvelle fois de monter ma propre organisation. Celle-ci se formera « à domicile » et avec les moyens du bord : une petite chambre d'ami de La Madrague me servit de bureau, un avocat de Saint-Tropez, ma secrétaire et mon amie Gloria m'entouraient pour ce nouveau périple. Et puis Charles Pasqua, alors ministre de l'Intérieur, m'expliqua qu'une association, c'était bien, mais que la force de frappe d'une Fondation était sans commune mesure. Or pour obtenir une telle dénomination, elle devait bénéficier d'un capital de 3 millions de francs auxquels on ne devait pas toucher, le fameux « fonds » de la « fondation »...

Je ne pouvais réunir une telle somme, la majorité de mes gains de star ayant été dilapidés auparavant et n'ayant plus aucune rentrée d'argent. Alors, vaille que vaille, d'avril à juin 1987, je décidai de m'installer sur le marché de Saint-Tropez, entre 6 h 30 et 11 heures, pour y vendre tout un tas de babioles héritées de ma vie de star et, le 17 juin 1987, tout ce que je possédais de valeur fut mis aux enchères à la maison de la Chimie à Paris. Ma guitare, les bijoux que Günter m'avait offerts, ma robe de mariage avec Vadim, de l'argenterie, des meubles. Mes objets, une partie de mon âme passaient devant mes yeux et me quittaient. Ma première vie laissait place à la seconde.

Ce jour-là, sans préparation aucune et alors qu'on me tendait le micro, je sortis cette phrase restée dans les annales : « J'ai donné ma jeunesse et ma beauté aux hommes et maintenant je donne ma sagesse et mon expérience aux animaux. » J'avais repris l'avantage sur ma vie et sur moi-même. Je sortais du chemin de croix, des balbutiements qui ont émaillé le début de mon combat et je devenais guerrière, la main ouverte et le poing fermé, prête à en découdre face à l'injustice animale.

Mon amie Liliane Sujanszky quittait la SPA, et me rejoignit pour prendre la direction de ma toute jeune Fondation. En 1988, nous nous installions à Paris, au 4, rue Franklin dans le XVIe arrondissement.

Une fois de plus, ma « carrière » animale prit réellement son essor grâce à la télévision. Deux amis journalistes de longue date, Jean-Louis Remilleux et Roland Coutas, me proposèrent de présenter une série d'émissions sur les animaux... Quinze ans après avoir fui les caméras, je devais m'y offrir de nouveau, mais cette fois-ci pour la bonne cause. Durant trois ans, de 1989 à 1992, « S.O.S. Animaux », émissions déclinées pour les éléphants, les animaux de chasse et de boucherie, les cobayes de laboratoire, les mammifères marins, les animaux à fourrure, les chevaux, les chiens et chats, les grands singes... dénoncèrent la cruauté humaine et nous n'épargnâmes personne, pas même la sensibilité. Car bien des années avant les images insoutenables que l'on peut voir sur Internet aujourd'hui, nos émissions diffusées sur TF1 montraient l'innommable. Et l'audience fut au rendez-vous, les connexions Minitel aussi. Ma Fondation était enfin connue.

Enfin, la date la plus symbolique de cet abandon à la cause reste le 21 février 1992. Un décret paru au *Journal officiel* stipulait que La Madrague, ma propriété mythique de Saint-Tropez, chantée et rêvée dans le monde entier, était donnée à la Fondation. Le capital nécessaire pour la reconnaissance d'utilité publique de celle-ci était ainsi obtenu. Ce qui nous permettait dès lors d'agir et d'attaquer en justice mais aussi d'accepter les dons et legs, si essentiels au fonctionnement d'une fondation.

Des femmes et des hommes

Je suis très fière de la Fondation Brigitte-Bardot et des gens qui y travaillent. Lorsque je me rends dans les locaux parisiens aujourd'hui, au 28, rue Vineuse, je suis « sur le cul », je ne réalise jamais que je suis à la base de cet organisme d'une centaine de salariés à Paris, avec ses milliers de donateurs, délégués et enquêteurs bénévoles à travers la France.

Je crois que la situation géographique de la Fondation Brigitte Bardot m'a porté chance car elle est au cœur de mon histoire familiale. Les bureaux se situent non seulement à deux pas de l'un des appartements que j'ai le plus aimé, avenue Paul-Doumer, mais plus miraculeux encore, ils se trouvent juste en face du 39, rue Vineuse, où était localisé le siège parisien des Usines Air Liquide que mon père dirigeait avec ses frères. Ce qui est aujourd'hui un immeuble moderne était autrefois un petit hôtel particulier accueillant en son sein les bureaux de « Bardot et Cie ». Seul vestige de ce passé, un petit jardin où j'aimais jouer avec ma sœur. Cet espace existe encore. Il est toujours pareil, c'est-à-dire affreux ! J'ai gardé du papier à lettres dont l'en-tête indique : « Société Bardot et Cie, 39 rue Vineuse, Paris XVIe », que j'ai fait encadrer. Je ne peux pas m'empêcher de voir un signe à ce voisinage pour ma Fondation, une présence paternelle et protectrice.

Depuis près de trente-deux années que ma Fondation existe, j'ai toujours souhaité préserver une ambiance familiale, une générosité qui me ressemblerait dans ses rangs. La « FBB » doit préserver, défendre sa dimension humaine, même si le côté « familial » porte indéniablement ses avantages et ses inconvénients... Vous savez, les histoires de famille...

Aussi, même à Saint-Tropez, je travaille chaque jour avec eux. Nous sommes constamment en lien. Je me rends à Paris tous les deux ans environ et cela ne me manque pas. Car tout est électronisé aujourd'hui : je fais les journaux à distance, je vérifie les photos, les textes, les légendes, la mise en pages. Je m'occupe de beaucoup de choses et je ne suis pas empêchée de le faire parce que je ne suis pas sur place. Or, je connais l'enthousiasme déclenché par chacune de mes apparitions rue Vineuse. C'est pour cela que j'y vais. Il y a des gens qui arrivent constamment et c'est une réelle motivation pour eux de me rencontrer. C'est une chaleur humaine, une présence qui peut justifier aussi leur engagement. Les gens sont souvent intimidés quand ils me rencontrent, alors je les mets à l'aise, je leur propose de boire un p'tit coup, et en avant !

Aujourd'hui, la direction est tenue par Ghyslaine Calmels-Bock, c'est une excellente gestionnaire, une femme volontaire et très exigeante. Ghyslaine a toutes les qualités d'une directrice qui gère le quotidien avec intelligence, elle tient la Fondation d'une main de maître. Elle a créé des refuges dotés de chatteries, d'infirmeries, de lieux de quarantaine qui ne sont en rien carcéraux. Elle s'occupe également des legs, des testaments, des dons que l'on nous fait. Ghyslaine a cette droiture nécessaire à un tel combat.

Franck, mon secrétaire, est à la fois mon ami et mon complice. Cela fait plus de vingt ans que je le connais, il est très attentif à beaucoup de choses. Franck est l'un des seuls à me visiter régulièrement. Il vient tous les mois m'apporter du courrier, des factures, des lettres à envoyer, du travail.

Enfin, Christophe Marie est le responsable de la protection animale et le porte-parole de la Fondation.

Il est né le même jour que moi, le 28 septembre. Il y a beaucoup d'affection entre nous. Il est comme mon fils. Tous les gens qui travaillent à la Fondation, je les considère comme mes enfants et non comme des employés. Je leur fais une confiance aveugle mais je vérifie toutes les choses de grande importance. Bien sûr, le quotidien est fait sans moi. Mais sur des grands dossiers qui nécessitent une prise de parole publique ou un engagement particulier, nous décidons avec Christophe de la manière dont nous devons agir. La plupart du temps, je rédige avec lui les lettres à tels chefs de gouvernement, tels présidents étrangers. Je ne laisse rien faire d'envergure sans y apposer « ma patte », ma façon d'écrire, qui est, je l'admets, très spéciale. C'est vrai que je n'écris pas comme tout le monde. Je ne souhaite pas que les lettres émanant de ma Fondation portent un ton froid et administratif. On parle d'humain, de vies, d'êtres en souffrance, il est essentiel pour moi que les mots transpirent cela. J'écris comme je parle, comme je pense. L'une des lettres que j'ai envoyées à Nicolas Hulot a été conclue par « je vous embrasse, un peu fâchée ». C'est ma formule de politesse à moi. Bien entendu, ce n'est pas Christophe qui l'aurait écrit...

Christophe est un pilier dans cette Fondation, il est mon indispensable. La Fondation ne serait pas ce qu'elle est sans lui. Il est d'une importance capitale et mon héritier naturel. C'est un combatif, comme moi, mais il bénéficie d'atouts supérieurs : il est diplomate et tacticien. Ce que, moi, je ne suis pas du tout... Moi, je balance ce que j'ai à dire, sans m'encombrer de ce que les gens peuvent penser, tandis que lui, c'est un régulateur de mes pulsions. Nous nous complétons extrêmement bien.

Ce côté antilangue de bois que j'exerce sert les intérêts de ma Fondation, parfois le contraire, mais cela fait partie de mon caractère, de ma personnalité, les gens m'aiment comme cela. Si je devenais diplomate, je n'aurais plus aucun intérêt. Même si cela peut faire peur, ce jusqu'au-boutisme a aussi servi. Comme lors de cette fin 2012, où nous apprenions que le tribunal administratif de Lyon venait de condamner à mort deux éléphantes suspectées d'être atteintes de tuberculose. Après avoir participé aux grandes heures du cirque Pinder, Baby et Népal devaient mourir dans une indifférence assourdissante. Dans une longue lettre, j'accusai, pêle-mêle, les cirques, haut lieu d'esclavagisme animal, les zoos, qui exhibent des espèces sauvages dans des sites misérables et qui n'interviennent pas pour endiguer leur extinction, et enfin l'État français qui, une fois de plus, « baissait son pantalon » devant ceux qui continuaient leur petit business, contre l'avis des associations de protection animale. Puis, nous sollicitâmes l'arbitrage du ministre de l'Agriculture alors en place, Stéphane Le Foll, en proposant de recueillir les éléphants. Début 2013, je demandai au président Hollande de gracier les animaux condamnés à mort... Des manifestations, des courriers et tribunes dans la presse n'y faisaient rien. Alors, je fis part d'un communiqué en disant que, si on euthanasiait Baby et Népal, je suivrais Gérard Depardieu et quitterais moi aussi la France pour prendre la nationalité russe. Je disais que j'avais honte de mon pays qui n'était qu'un cimetière d'animaux. Cette lettre a été reprise par tous les médias français et étrangers. Et je peux vous dire qu'à ce moment-là, rien ne m'arrêtait : j'étais bien décidée à aller danser le kazatchok avec mes cannes anglaises ! Enfin, au printemps, le tribunal administratif de Lyon annula l'arrêté préfectoral qui ordonnait l'abattage des deux éléphantes. Elles furent transférées chez Stéphanie de Monaco, à sa demande, dans un parc conçu pour elles, sur les hauteurs de la Principauté, où elles subirent de nouveaux tests sérologiques. C'est ainsi que Baby et Népal furent sauvées.

Oui, je vais jusqu'au bout, je me mets en colère, je condamne, j'exagère, car je n'ai pas envie de faire d'entorses à ma nature. D'abord parce que je ne pourrais pas, parce que c'est ce qui me personnifie, et ensuite parce que j'aurais peur d'opter pour un ton de bureau qui m'a toujours fait fuir. La nature au sens propre, la nature des animaux, comme la mienne, on peut l'améliorer. Jamais la changer.

Que fait ma Fondation ?

Ma Fondation mène énormément de combats au quotidien et c'est une bataille sans frontières et sans distinction d'espèces. Souvent, et à raison, le grand public nous voit comme un organe d'adoption pour les chiens et chats, or nous avons étendu notre action à bien d'autres causes. Grâce au travail de la direction, à commencer par Christophe, nous essayons jour après jour de compter, de porter notre voix sur des places politiques et auprès de décideurs. Les animaux sauvages faisant partie de nos priorités, nous avons financé un parc recueillant des ours maltraités en Bulgarie, mais aussi la construction d'un hôpital pour animaux sauvages au Chili, pour koalas en Australie, pour éléphants en Thaïlande ou pour équidés en Tunisie. Si la Fonda-tion ne s'activait pas, de très nombreux programmes de conservation d'espèces seraient inexistants comme ceux concernant les chimpanzés, les bonobos et gorilles en Afrique ou encore les gibbons en Asie. Nous travaillons également, main dans la main, avec d'autres associations, comme Sea Shepherd. Paul Watson et moi-même partageons le même regard sur le monde, la même indignation. De la banquise en 1977 à aujourd'hui, il a toujours été évident de mettre nos forces en commun. En 2010, ma Fondation a financé une mission de plusieurs semaines aux îles Féroé pour lutter contre le massacre des cétacés. Cette coopération avec Sea Shepherd a été renouvelée en 2014 avec une nouvelle mission dans cette zone, où des centaines de globicéphales sont rabattus vers des baies pour être massacrés dans une mer rouge sang. Et depuis 2011, le trimaran baptisé *Brigitte Bardot* prend part aux campagnes de l'ONG de Paul Watson contre les baleiniers japonais.

Dans le monde, nous tentons de soutenir financièrement des projets qui nous tiennent à cœur. En 2002, nous avons lancé notre première clinique vétérinaire mobile pour stériliser, vacciner et tatouer des centaines de chiens errants en Serbie. Au Bhoutan, en 2008, nous avons participé à la construction d'un chenil qui puisse accueillir les animaux dans de meilleures conditions, à l'achat d'un véhicule pour collecter la nourriture, puis à la construction d'une clinique vétérinaire. Et la même année, la FBB a également cofinancé le programme Valitox, en collaboration avec le comité scientifique Pro Anima. Ce programme permet d'effectuer des tests pour trouver une alternative à l'utilisation des animaux dans l'expérimentation de produits toxiques. J'y reviendrai.

Dans ce domaine, comme dans bien d'autres, les organisations animales doivent devenir des groupes d'influences, là est ma conviction depuis toujours. Aussi la FBB est très impliquée auprès des principales instances nationales et internationales, comme le ministère de l'Agriculture, le Parlement européen ou encore la Convention sur le commerce international des espèces menacées d'extinction.

En France, la Fondation aide beaucoup de refuges en difficulté et mène d'importantes campagnes de stérilisation de chats errants, sauve autant que possible les chevaux des abattoirs, les poneys, les vaches et moutons destinés à de cruelles fins. Et non seulement nous sauvons les animaux, mais nous les gardons. Car il a toujours été inconcevable pour moi de les relâcher ensuite, quitte à les précipiter dans un cercle vicieux. Nous en avons les moyens. Mon patrimoine est à l'entière disposition de ma Fondation et des animaux qu'elle prend en charge.

Mes maisons sont leurs maisons

Mes maisons ont toujours été un refuge pour moi. Il est donc évident qu'elles le deviennent pour mes animaux. J'ai toujours eu horreur de voyager, même lorsque j'étais actrice. Et d'autant plus, durant cette période, car je quittais mon « chez-moi » pour des contrées lointaines et pour faire un travail que je n'aimais pas. Je me souviens particulièrement de mon départ pour le désert de Tabernas à Almeria, en Espagne, pour tourner un western du nom de *Shalako*[1]. Je venais de vivre une belle histoire d'amour avec Serge Gainsbourg et j'étais traînée de force dans cet endroit hostile et sans âme. Mon âme à moi était entière et apaisée dans le secret de ma maison qui était mon terrier. Je suis une bête sauvage, et j'ai toujours au fond de moi cette idée de protection, de repli dans l'univers que je connais.

---

1. *Shalako*, film réalisé par Edward Dmytryk, 1968.

Le seul refuge de la FBB et dans lequel je n'ai jamais habité est la Mare Auzou, dans l'Eure. Je l'ai seulement choisi... Vous me direz, ce n'est déjà pas si mal... J'ai visité cet endroit merveilleux un jour de froid polaire. La brume m'empêchait de distinguer les détails de ce site jusqu'à ce qu'un cerf royal s'approche de ma voiture. J'ai contemplé la majesté de cet animal, durant de longues minutes, et nos regards se sont croisés. Sans crainte aucune, il m'a alors dévisagée de la même manière. Ce moment unique et sauvage fut pour moi une révélation. La Mare Auzou serait une nouvelle terre d'accueil pour les animaux en errance. C'était en 1992. Aujourd'hui, c'est un havre de paix pour près de 1 000 animaux domestiques et de ferme comme les chiens, chats, chevaux, cochons, ânes, moutons, vaches... Nous disposons d'une bergerie, d'un solarium, d'une infirmerie, d'endroits de repos... bref d'un véritable domaine favorisant la résilience[1] de l'être animal.

L'autre refuge, et pas des moindres, appartenant depuis 2006 à ma Fondation, se situe à Bazoches-sur-Guyonne, dans les Yvelines. J'ai acheté cette propriété en 1960, juste après la naissance de mon fils, Nicolas. Cette période correspondait à un fort besoin de calme et de rejet de toute forme d'hystérie à mon égard. Cette nouvelle maison représentait mon désir de vivre normalement, au naturel, celui de partager un cocon avec mon fils. Même si la vie en a décidé autrement.

À Bazoches, je me suis toujours sentie comme Blanche-Neige au milieu de sa clairière. Le toit de chaume qui recouvrait la maison pratiquement

---

1. La résilience est un concept de psychiatrie popularisé par Boris Cyrulnik qui désigne la capacité de se reconstruire après un lourd traumatisme.

jusqu'à terre y faisait pour beaucoup : on aurait dit un gros champignon. C'était une vieille bergerie du XVIIIe siècle construite en torchis, les murs étaient un mélange de boue et de plâtre.

Bazoches était ma ferme, un endroit de paix et de bien-être par excellence. Lorsque je tournais, la production de films ne nous offrait que le dimanche pour repos, du coup, dès le samedi, je foutais le camp à Bazoches ! Cette maison était un vrai fourbi ! Mais mon Dieu, comme je l'ai adorée... Coupée de tout, je me détendais lors de grandes promenades avec mes chiens, je faisais des feux de bois. Bazoches correspondait au rêve le plus secret de mes jeunes années : posséder un endroit perdu dans la campagne, y vivre isolée, sans manières, entourée d'animaux que je recueillerais pour leur offrir une seconde chance dans la vie. C'est ce que je fis. Je récupérais toutes les bêtes qui traînaient, celles dont personne ne voulait. J'ai sauvé un mouton destiné à l'abattoir qu'une petite fille m'avait demandé d'adopter. Comme je n'avais pas encore d'endroit aménagé, je l'ai mis dans ma cuisine, en attendant. Bien avant de monter ma Fondation, un jour, en sortant d'un studio, je me suis rendue à la SPA avec ma Rolls, une magnifique voiture pourvue d'une vitre qui séparait le chauffeur des passagers. Je suis rentrée à Bazoches avec sept chiens et huit chats. J'étais derrière, enfouie sous des boules de poils, des chats grimpant sur la tête de mon chauffeur ou filant entre ses jambes. Le pauvre veillait coûte que coûte à ne pas trop faire d'écarts de conduite... Arrivés à destination, tous ces animaux se sont rués vers la portière pour goûter à une nouvelle liberté. Le fait de lâcher ces chiens et chats, sales, miteux et hagards, qui, quelques heures auparavant, étaient encore encagés dans de minuscules enclos, fut pour moi un moment de bonheur extraordinaire.

Pour fuir l'effervescence tropézienne, je passais tous mes étés à Bazoches. Puis, au fur et à mesure des années, je prolongeai mes séjours. Je n'ai plus mis les pieds dans cette maison de campagne depuis 2006, date à laquelle j'en ai fait don à ma Fondation. C'est mon choix. Désormais ma merveilleuse maison qui m'a donné tant de plaisir ne m'appartient plus. Bien sûr, je pense à cet endroit et il peut me manquer, car il me ressemblait, de haut en bas, de la cave au plafond. Nulle part ailleurs je ne me suis sentie autant moi et chez moi. Mais je refuse de tomber dans des émotions nostalgiques, je ne veux pas qu'un lieu me manque, surtout quand il est devenu si indispensable au sauvetage d'animaux. Bazoches est beaucoup plus important et utile depuis que je n'y suis plus. Ma maison des Sept Nains est aujourd'hui la raison de vivre d'animaux, après avoir été la mienne... Quoi de plus évident alors que de balayer toute forme de mélancolie quand elle se présente.

Enfin, une maison me colle à la peau depuis toujours, car elle fait partie de moi, comme je fais partie de ses murs : La Madrague. Je crois que cette maison est toujours restée la baraque de pêcheurs que j'ai acquise en 1958, même si j'y ai fait faire de nombreux travaux et que le résultat est moins rustique. Mais cette maison est tout aussi chaleureuse. Et si j'ai besoin de campagne, j'ai La Garrigue, ma ferme juste au-dessus qui ressemble à si méprendre à l'ambiance qui régnait à Bazoches. La Madrague est très petite. Les gens qui me visitent sont toujours surpris de la modestie du lieu, on imagine toujours entrer dans un univers de star, une villa clinquante au bord de l'eau. Il n'en est rien. À vrai dire, je déteste les grandes pièces, j'aime les petites maisons, chaleureuses, avec les toits bas...

J'ai choisi de m'installer définitivement à La Madrague et d'y finir probablement mes jours car c'est la plus ancienne de mes maisons. C'est ici que j'ai le plus de souvenirs, de vie et d'instants passés. Je crois beaucoup à ce que l'on peut laisser dans une maison, aux ondes qui la traversent, aux endroits dans lesquels on se sent bien, ou au contraire, mal à l'aise. La Madrague sera à jamais habitée par mon parcours, mes hauts et mes bas. Tout y est : ma jeunesse, mes folies, mes excès, mes amours, mon succès, ma solitude, mes doutes et mes peurs, mon combat et bien sûr mes animaux.

Par le monde, cette maison est autant connue que moi. Et les gens restent curieux. Tous les étés, des dizaines de bateaux sont stationnés le long de ma plage privée pour tenter de m'apercevoir. Il ne se passe pas une semaine sans que des gens se pressent devant mon mythique portail bleu. Je crois que ce gros morceau de bois est aussi connu que la tour Eiffel... Certaines personnes se font photographier devant et m'envoient le cliché pour que je le dédicace. Il était donc évident que ce lieu devienne un musée après ma disparition, parce qu'il répondra au besoin d'un public très large. Un musée, non pas à la gloire de Brigitte Bardot, mais un musée qui me ressemblerait, qui reviendrait sur ma vie humaine et mon rêve animal. Mes dernières volontés sont déjà entérinées : tout sera laissé intact à La Madrague. Mes meubles resteront à leur place, mes installations, objets, babioles continueront de peupler mon univers. Ainsi, mon intérieur et ma façon de vivre s'offriront aux yeux des curieux. Mais pour une fois, l'idolâtrie dont j'ai été l'objet durant mon existence sera enfin justifiée, car ce sera pour la bonne cause. Ce musée participera à offrir des fonds réguliers à ma Fondation. Tout sera tourné vers les animaux et leur bien-être. Ainsi, j'assume tout à fait le côté « lieu de pèlerinage » que pourrait devenir La Madrague. D'autant plus que je reposerai non loin de là. Les formalités ont été effectuées. Un endroit précis a été accepté par les autorités, loin des regards, mais près des tombes de mon petit cimetière animal. J'aime le lieu de mon repos éternel, je l'ai choisi avec conscience. Mais depuis que ma décision a été prise, je ne veux plus m'y rendre. Une sensation étrange m'étreint quand j'y pense. Visiter ma tombe avant d'y être, ce serait comme être déjà face à ma propre disparition. Je ne suis pas pressée, j'aurai bien assez de temps pour être dans cet endroit après...

Cette abnégation animale, avant et après ma mort, me renforce chaque jour. Si ma Fondation a pu être créée grâce à la vente de mes biens les plus précieux et le don de mes propriétés, c'est précisément pour que mon combat ne s'éteigne pas avec moi. Je peine à imaginer la Fondation Brigitte-Bardot après moi, même si j'ai fait le nécessaire en spécifiant bien que cet organisme reste à mon image.

Mon action devra autant briller par son efficacité que lors de mon vivant. Mais il n'y aura plus de Brigitte Bardot. Sa gouaille, son panache, sa colère, ses mots doux et durs ne seront plus. Alors qui me succédera dans les faits ? Mes successeurs sont déjà en place. Et mes héritiers naturels sont aujourd'hui partout dans le monde. C'est vous. Vous qui me lisez, qui m'avez soutenue par vos mots, votre présence, votre amour contenu ou exacerbé, tous ces témoignages qui m'ont portée chaque jour depuis ma déclaration de guerre officielle contre la cruauté animale. Cet amour-là, qui me soutient aujourd'hui, sera la force de demain. Mon énergie va perdurer sous une forme ou sous une autre. Car elle est pure et désintéressée. Je crois à la victoire du Bien. Je crois à la victoire des Innocents. Car « c'est dans le regard d'un chien que j'ai vu le visage de Dieu[1] ».

Sacrifice

S'engager, c'est aussi s'oublier un peu. Qui plus est dans mon cas. Un jour, j'ai rompu avec une vie dont j'étais le centre pour me lancer dans un destin altruiste. Mon quotidien est le fruit d'un long processus pour arriver jusqu'à Eux. Aujourd'hui, tout tourne autour d'Eux et pas autour de moi, les animaux et c'est tout. Ce qui me donne une puissance terrible pour mon combat. Mais l'oubli de moi peut me jouer des tours. Je ne m'occupe pas du tout de moi, je refuse de voyager pour ne pas avoir à les quitter, pour ne pas ressentir leur manque. Mes problèmes de hanches, mes petits trucs et mes machins passent toujours après Eux. Je ne veux pas souffrir, mais mon corps ne m'intéresse pas, je suis plus à l'écoute de leur santé, de leur douleur que des miennes. Souvent, quand on s'engage dans une action humanitaire comme celle-là, on peut le faire aussi pour soi, pour entretenir ou redorer son image, mais cela m'est bien évidemment étranger. Ma vie c'est Eux, ma vie leur appartient. Car elle vaut tout autant que la leur.

La cause animale, parce qu'elle est fondée sur une injustice et une indifférence, vaut bien que l'on se sacrifie pour elle. Bien souvent, c'est une bataille à la vie, à la mort. Et j'en admire les martyrs. L'un des films qui m'a le plus marquée est *Gorille dans la*

---

1. Citation d'Éric-Emmanuel Schmitt, tirée de sa nouvelle *Le Chien*, Albin Michel, 2012.

brume[1] qui traite de l'œuvre de Dian Fossey auprès des gorilles des montagnes d'Afrique. Je ne vais jamais au cinéma et mon ami Jean-Louis Remilleux voulait absolument que je voie ce long-métrage. À l'issue de la projection, les producteurs français attendaient mon avis : j'étais détruite, je ne pouvais plus parler. Dian Fossey engagée, Dian Fossey massacrée, Dian Fossey courageuse, Dian Fossey amoureuse des gorilles, m'a marquée au fer rouge. Son destin est extraordinaire, c'est le destin d'une sainte. Elle est enterrée au milieu de ces gorilles qu'elle a tant aimés.

Une vie de combat, ravagée dans une telle violence, est malheureusement commune. Dian Fossey dérangeait les braconniers et l'industrie des produits liés aux animaux. L'histoire de Joy Adamson est similaire. Cette grande protectrice des lions a été retrouvée morte dans une réserve africaine en 1980. On a fait passer ses blessures mortelles pour des griffures de fauves en colère, en réalité les seuls sauvages de cette histoire étaient ses assassins humains. Comment également oublier Jill Phipps, une autre combattante de terrain, s'insurgeant contre les transports des bêtes, révoltée contre cette industrie froide qui sépare les vaches de leurs petits veaux, âgés d'à peine huit jours, pour être entassés dans des bétaillères et croupir dans des élevages intensifs mortifères ? Jill, ma sœur de combat outre-Manche, a succombé en 1995, après avoir été violemment heurtée par un convoi de bétail.

Je pense également à Barry Horne, chef de commandos antivivisection anglais qui menait des actions jusqu'au-boutistes pour ébranler l'atonie ambiante.

---

[1]. *Gorillas in the Mist : The Story of Dian Fossey*, film réalisé par Michael Apted, 1988.

Emprisonné et oublié de tous, il s'est laissé mourir de faim à quarante-deux ans en 2001.

Les éléphants ont aussi perdu l'un de leurs plus grands défenseurs. Wayne Lotter, cet ancien ranger, a été abattu lors d'une embuscade en Tanzanie, en 2017. Il avait développé un programme pour réduire le massacre des éléphants et avait créé la Fondation de protection de la nature, PAMS, pour lutter contre le braconnage et le trafic illégal.

Dans chacune de ces morts, c'est un peu l'animal que l'on abat. C'est la vie animale qui disparaît, sans que personne bouge. La lutte à mort de ces martyrs devrait éveiller les consciences, soulever des hommages mondiaux, des adorations, presque. Non. On ne réagit pas. On préfère se dire que tous ces gens sacrifiés pour l'Animal sont des fous, des illuminés, des suicidaires, des extrémistes... Oui, ce sont des extrémistes. Mais ne faut-il pas toucher l'extrême quand on se tape autant la tête contre le mur de l'indifférence ? Alors on agit encore et encore, on hurle toujours plus fort des mots de plus en plus durs, en espérant, un jour et quelque part, toucher la sensibilité d'une poignée de gens. Avec ces personnes, on est au bout du bout de l'héroïsme. La mollesse des esprits est épouvantable.

La sauvegarde des animaux vaut qu'on leur voue sa vie. Ma vie aujourd'hui ne vaut plus grand-chose car je suis trop vieille, et je ne sais si j'aurais eu l'étoffe de ces héros. Or, quand je me suis rendue sur la banquise pour la première fois, j'avais rédigé un testament, car je savais que je risquais ma vie. Plusieurs fois, au cours des dernières années, j'ai également reçu des menaces de mort, mais je m'en foutais. Je me disais : « Si je meurs, au moins c'est pour une cause que j'aurai défendue jusqu'au bout. Et j'aurai donné ma vie pour cela. » Si, un jour, on

m'avait proposé un pacte en me disant, par exemple :
« Brigitte Bardot, donnez votre vie et on ne tuera
plus jamais de chevaux pour les manger, ou encore
on ne chassera plus d'animaux sauvages », je me
serais agenouillée, en attendant mon exécution, sans
aucun problème.

Mes mots peuvent heurter. Et pourtant, qui
aujourd'hui entend mes suppliques ? Qui préfère
relayer le travail de ma Fondation, plutôt que des
polémiques me concernant ? Qui hurle de douleur
face à l'ignominie humaine s'agissant des animaux ?
Jadis, on se prosternait devant moi parce que j'étais
belle, célèbre, demandée, aujourd'hui je dérange. Je
ne peux expliquer cette paralysie de la révolte. Et
j'oscille constamment entre deux raisons. Soit je
n'intéresse plus, parce que le joli mythe s'est trop
rebellé, soit je perturbe. Les décideurs, les lobbyistes,
les politiques ne veulent plus avoir affaire à moi
parce que je les emmerde. Ils m'évitent et leur silence
est un refus et aussi un acte de violence. Autrefois,
on parlait de nos actions parce qu'elles étaient le
fait de gentils-gens-qui-aiment-les-gentils-animaux.
Aujourd'hui, nous sommes des millions de dénon-
ciateurs de la cruauté mondialisée. Nous avançons,
pas à pas, vers la non-violence animale. Un jour,
nous n'enfermerons plus, un jour, nous ne chasse-
rons plus, un jour, nous ne jouerons plus, un jour
nous ne mangerons plus la chair animale. Dans combien de temps ? Nul ne le sait. Mais les prisons qui
incarcèrent injustement les animaux sont rouillées
et désuètes. Les portes de la conscience du Vivant
s'ouvrent peu à peu. Et je sais que demain je ne serai
plus, mais que d'autres continueront à les pousser. Je
suis plus proche de la fin que du commencement et
chaque jour qui passe est un répit et un espoir, celui
d'avoir insufflé un combat supérieur à ma vie même.

Une bataille qui ne sera pas abandonnée après ma disparition. Une avant-garde qui me survivra. Ma mort donnera sens à ma vie. Ma mort sacrera mon combat, le sens de mon combat.

2

L'animal que je suis

Mon instinct animal

Enfant, je savais, je pressentais être un animal. De nature tantôt sociable, tantôt solitaire, je jouissais d'un caractère très farouche. Observant ce qui m'entourait avec distance, je désespérais de ne trouver rien ou presque qui me ressemblerait. Mon éducation bourgeoise me permit de m'intégrer et de m'adapter à toute bonne société, bien qu'il fût rare que j'apprécie la compagnie durable des gens. En effet, ce que je chéris le plus dans les relations humaines est l'évidence qui doit en découler. Ce qui est rarement le cas. Les rapports superficiels où l'on cherche ses mots, la bonne position où l'on se valorise, ne m'ont jamais convenu. Moi, j'aime la sincérité. Pure et sans détour.

On n'apprend pas à renifler. C'est un don animal et instinctif original que j'ai su développer au gré des années et des rencontres. Je sonde et reconnais rapidement une personne, parce que je la renifle. Mon tempérament sélectif m'incite à ne recevoir que très peu de gens, chez moi, à La Madrague. Et la plupart de mes échanges avec mes congénères se font par voies épistolaires. Il y a des gens qui me touchent énormément avec un simple écrit et ils deviennent des amis par correspondance. La distance physique me convient tout à fait aujourd'hui, et même dans le cadre d'une grande amitié. Rencontrer les gens suppose qu'on y consacre du temps et des fioritures verbales qui demeurent inutiles lorsque l'on communique sur papier. J'aime l'essentiel, l'échange profond, discuter pour dire quelque chose. Aujourd'hui, plus qu'hier encore, je m'assois sur les convenances et les superficialités. Je n'ai plus de temps à perdre pour tout cela.

Cette inadaptation à l'humanité, cette peur bleue qui m'anime face à la plupart des hommes m'ont atrocement fait souffrir durant ma vie d'actrice. Je tremble devant les êtres humains qui, en général, ne définissent leurs rapports qu'à travers le conflit, la guerre, la bagarre, la revendication. Cette frayeur en a été d'autant plus vive lorsque j'ai moi-même été victime de rapports de force. Je le dis sans gêne, les hommes m'ont fait du mal. Beaucoup. Et ce n'est qu'auprès des animaux, de la nature, que j'ai retrouvé la paix. Mes moments de quiétude ont toujours trouvé leur raison d'être dans la solitude de la campagne, éloignée de tout étranger, repliée sur moi-même, avec le peu de gens en qui j'avais confiance.

Durant ma première partie de vie, je n'ai jamais caché ma tentation de tout plaquer. Mais je ne savais pas vers quoi ou qui me tourner. Je savais qu'une autre vie était possible, j'aimais les animaux et les respectais, je flairais et expérimentais un bien-être incommensurable quand je vivais auprès d'eux, et j'ai mis du temps à transformer ce lien merveilleux en vocation.

Je me souviens de moments de bonheur suspendus avec certains êtres animaux. Pour le tournage des

Bijoutiers du clair de lune[1] en 1957, toute l'équipe avait été installée dans un petit patelin du sud de l'Espagne, à Torremolinos, en Andalousie. Un jour, une tempête apocalyptique a tout ravagé : des arbres ont été arrachés, des maisons détruites, des cadavres de moutons jonchaient la plage. Après cette tornade, j'ai recueilli un petit âne et une petite chienne dans ma chambre de fortune, qui n'était rien d'autre qu'une pièce blanchie à la chaux. Et j'ai dormi avec tout ce beau monde, à l'abri, durant trois nuits. Alors que mes partenaires me regardaient avec des yeux ronds, moi, je me sentais bien, en phase avec ce que j'étais.

Dès lors, j'ai tout fait pour vivre le plus possible entourée d'animaux. J'avais déjà mes chiens qui m'attendaient dans mon appartement de Paris, mais chaque déplacement professionnel a été l'occasion d'une rencontre animale. Je tendais à partager mon quotidien avec les animaux. Et progressivement, on ne s'est plus quittés. Aujourd'hui, je me réveille, je vis, je dors avec mes chiens. Leurs paniers sont disposés de part et d'autre de mon lit, sauf la petite Fripouille qui n'apprécie que le confort de mes draps... entre Bernard et moi. Elle cohabite très intelligemment avec les chats qui ont également trouvé leur place sur notre lit. Du coup, je ne peux pas allonger mes jambes... C'est le prix de la bonne entente de tous... Bernard a dû accepter de vivre perpétuellement avec mes compagnons. Tous les hommes de ma vie ont adhéré à ce mode de vie. Et ceux que cela dérangeait ont fait leur valise. Et c'était mieux ainsi.

Vivre avec les animaux s'apparente pour moi à une sorte de maternage. Je me sens responsable de leur bien-être, de leur santé. J'ai une aptitude

---

[1]. Film franco-italien réalisé par Roger Vadim et sorti en 1958.

à renifler leur souffrance de loin et je les connais tellement bien que je ne me trompe jamais. S'ils sont malheureux, je le ressens, s'ils sont malades aussi. Je sais la mauvaise santé de mes chiens, avant mon propre vétérinaire. Cela est dû à l'expérience de vie que j'ai auprès d'eux, l'affection que nous partageons, mais surtout mon instinct. Le gardien de La Garrigue s'occupe de mes animaux de ferme toute la journée, jusqu'au soir où je leur rends visite pour les caresser, leur donner à manger. Je perçois instantanément leur santé physique et morale. Quand une oie est malade, je le sais. Même si mon gardien me soutient qu'elle va très bien. Je pense bénéficier d'un caractère hors norme pour cela. Le lien que je tisse avec mes animaux est inné. C'est en ce sens que je me sens animale, parce que je vis en totale symbiose avec eux. Parce que mes réactions sont plus animales qu'humaines.

Ma nature animale

J'ai le sens de la simplicité et du dépouillement, je ne sais d'où cela vient. Certainement pas de mon éducation. Maman était une femme très élégante : si elle me voyait marcher pieds nus, cela la mettait dans une rage folle. Le matérialisme est une conception qui m'a toujours été étrangère. Et si j'en portais en moi une once, elle a rapidement été anéantie par mon renoncement en faveur de la cause animale. Cette dernière m'a fait définitivement renoncer à mes intérêts propres.

Disperser mes biens, donner mes maisons, vendre une partie de ma vie à travers les souvenirs que j'en avais, cela n'a pas été simple, bien sûr. C'est toujours un sacrifice de se séparer des choses qui représentent une partie de vous-même. Tout ce que j'ai vendu venait de mes grands-parents, de mes parents, de mes amoureux, des gens qui m'ont aimée. Tous ces objets dispersés renfermaient mon histoire mais aussi mon intimité la plus entière : des objets, des bijoux, des souvenirs de films, des costumes... Je m'en suis séparée avec un peu de déchirement mais je me disais que tous ces trucs-là restaient des objets. Les souvenirs se situent dans le cœur, pas au creux d'un tissu ou dans le bois d'une table. Alors j'ai laissé partir tous ces morceaux de vie, car j'avais l'intime conviction que chacun d'entre eux servirait à sauver les animaux. Et j'ai commencé à voir partir cela avec bonheur. La vie animale est bien plus importante que la possession de beaux bijoux dans un coffre-fort ou d'étoffes luxueuses dans une malle.

Et plus j'ai avancé en âge, plus j'ai vécu simplement, avec l'essentiel et en me moquant du superflu. Même dans la plus grande richesse, « l'Avoir » ne m'a jamais intéressée. Je n'ai jamais été attiré par le luxe, la cherté, les bijoux. Tout cela a été un moyen, jamais une fin.

Mon âme solitaire

Aujourd'hui, je vis bien. Je suis heureuse de ne plus avoir à perdre mon temps, à parler pour ne rien dire. Je fais des choses qui pour moi sont évidentes et importantes et je garde mon énergie pour ce combat et pas pour me disperser dans des considérations « à la noix de coco ».

Mon rythme est quasiment identique d'un jour à l'autre. Je suis plutôt une femme du soir. Je me lève vers 9 heures, quelquefois un peu avant. Je donne à manger à mes chiens, j'appelle mes 200 pigeons qui vivent en liberté à La Madrague et je leur donne des graines. Ensuite, je prends mon petit déjeuner avec Bernard, petit déjeuner que nous partageons avec nos chiens naturellement, je lis les journaux, j'appelle ma Fondation et commence à gérer les urgences et les mails. Et puis je pars à La Garrigue. Je dis « bonjour » à tous mes animaux de ferme et je me mets à travailler. J'ouvre mon courrier, une centaine de lettres par jour en provenance du monde entier. Je lis tout et réponds toujours à ceux qui me touchent particulièrement. La nature de ces lettres est très variée : ce sont des témoignages, des cris de colère, des demandes de photos dédicacées, des lettres d'amitié. Je réponds systématiquement et en priorité aux gens malades ou âgés et aux enfants. Aux enfants, toujours. Il faut répondre et parler aux enfants. Des jeunes femmes m'écrivent aussi, ne sachant pas quelle direction donner à leur vie. Elles sont perdues, elles ont des chagrins d'amour, elles n'aiment pas leur travail, elles sont débordées par leurs enfants... Et puis, bien sûr, il y a ces gens qui ont perdu leur animal et qui ne savent plus vers qui se tourner, tant cette douleur du deuil animal est ignorée et incomprise dans notre société. Je ne peux, en mon âme et conscience, refuser la main que l'on me tend dans chaque courrier. Dans la limite du possible j'offre un soutien, une aide, un petit mot. Un petit mot de moi, cela apporte une joie inimaginable à beaucoup de mes correspondants, même si je ne résous pas leur problème... Quand on m'appelle à l'aide, j'ai le sentiment qu'il faut que je remplisse une mission. Et si je ne fais rien, je ne peux pas dormir, je ne me sens pas bien, je me sens coupable.

Mon âge ne m'a pas offert un degré de philanthropie supplémentaire. J'ai toujours été généreuse. Et pourtant mes parents n'étaient pas des gens charitables comme je le suis. Ils étaient plutôt des personnalités mondaines qui aimaient que l'on parle d'eux de façon merveilleuse. Je ne les ai jamais vus s'attendrir sur un cas particulier. Et l'on a toujours considéré ma sensiblerie comme immature. Mais je crois que mes actes, s'agissant de personnes en détresse, n'ont jamais été puérils. Bien au contraire. Actrice, j'avais, un jour, reçu un courrier d'une vieille dame près de Meaux, qui souffrait d'un cancer de la gorge. Je partis lui rendre visite à l'hôpital et, quand elle me vit, elle s'évanouit. Le docteur me reprocha ce genre de spontanéité... Par la suite, j'allai là voir tous les ans. Je passais la journée avec elle, je l'emmenais au restaurant. Quand elle est décédée, Suzon me laissa son alliance, je la porte toujours au doigt aujourd'hui.

Le choix de survivre

Les animaux et le choix que j'ai fait de vivre, avec eux et pour eux, ont été mon gage de survie. C'est une vérité que je vis littéralement dans ma chair. Mon amour pour eux m'a redonné goût à la vie. Ils m'ont permis d'avoir des rapports vrais, sans compromissions ni faux-semblants. Mes rapports avec mes chiens, chats, moutons, chevaux, phoques, sangliers, loups, que sais-je... sont natures, vrais, profondément vrais. Ils m'aiment, je les aime et c'est tout.

B.B., ils n'en ont rien à foutre.

À leur contact, j'ai trouvé un sens à Ma vie et à La vie, c'est comme cela que je me suis réalisée. Le cinéma n'a été qu'un marchepied, je n'ai jamais aimé cela. Au début, cela m'amusait, on parlait de moi... Et très rapidement, cela m'a vraiment étouffée et détruite. Pendant la vingtaine d'années où je tournai des films, chaque fois que je débutais un long-métrage, je développais des herpès. La simple lecture d'un scénario m'angoissait, comme quand on amène un gosse à l'école. J'appréhendais, j'y allais à reculons, car je considérais que cela ne servait à rien. Pourquoi se donner autant de mal pour jouer, étant donné que tout est faux, que ce que l'on dit est faux, que les décors sont faux ? J'avais un besoin viscéral de faire des choses vraies.

Mais avec le recul, j'ai le sentiment que mes deux existences ne s'opposent pas, au contraire, elles se complètent. J'ai tout de même eu plaisir à vivre comme une artiste, j'ai vécu l'exceptionnel et je ne le renie pas, mais la seconde époque de ma vie vient s'additionner à la première. Le deuxième chapitre vient parfaire le premier. La plupart des choses que j'ai apprises avant 1973 m'ont servi ensuite dans la défense des animaux. J'ai pu faire un parallèle très clair entre bassesse humaine et noblesse animale. La grandeur humaine, comme sa petitesse, j'ai pu l'expérimenter au quotidien, et parfois à l'extrême, au regard de ma condition de star. J'ai vécu les choses médiocres, les mesquineries, les gestes d'adoration sans mesure, l'hypocrisie, la lâcheté, la trahison. Le domaine artificiel, dans lequel j'évoluais, rassemblait probablement toutes sortes de faiblesses que je n'aurais peut-être pas rencontrées dans une vie plus anonyme. Or, je me demande aujourd'hui quel domaine échappe à la superficialité ? Je crains de ne pas avoir la réponse à cette question.

Aussi, à l'heure du bilan, je peux dire que j'ai réussi ma vie, mais je n'ai pas été heureuse. Car cette lumière perpétuelle et aveuglante ne m'a jamais correspondu. La seule exposition que j'aime et que j'ai toujours aimée, c'est celle dont jouit ma terrasse de La Madrague. Du haut de ce balcon baigné par le soleil, j'observe, à chaque saison, les fluctuations de la Méditerranée. Quand, chaque matin, une nuée de pigeons vient picorer les graines que je leur tends, quand il m'est encore offert de pouvoir observer, au quotidien, la beauté de la nature, je ne peux douter de mon choix. Je ne me lasse pas de scruter le déploiement des ailes d'un oiseau, l'arrondi de son bec, l'acuité de sa vision, l'effilement de ses griffes. Et puis, quand le moment est venu, mes pigeons repartent, ensemble, en communion, dans un fatras de plumes et de roucoulements. Ils rejoignent leur abri, au grès du mistral, dont la brise continue ensuite de faire danser les rideaux de ma chambre.

Célébrité et conséquences

Je comprends que mon statut ait été source de désir. Plus qu'autre chose, la lumière attire, on rêve toujours de voir quelque chose qui brille, qui semble inaccessible, on est fasciné par la réussite, la popularité mondiale. Toute ma vie, j'ai été adorée, adulée et en contrepartie, critiquée et salie. Des choses totalement erronées ont été dites sur moi, des rumeurs infondées ont pris racine. Et lorsqu'on n'avait plus rien à dire, on inventait. J'ai été confrontée à des violences hors du commun. Était-ce un juste retour face à mon immense popularité ? Je ne saurais le dire. Mais c'était aussi fort, dans un sens comme dans un autre et, en fin de compte, extrêmement pénible et destructeur.

Toutefois, je crois savoir que mon image bénéficie d'une certaine embellie depuis une quinzaine d'années. J'en veux pour preuves les nombreuses attentions que j'ai accueillies lors de mes quatre-vingts ans.

Ce changement très net de l'opinion publique s'est opéré grâce à mon action animale.

Ma vie d'aujourd'hui est celle à laquelle j'aspirais depuis toujours. Mon quotidien solitaire, entouré de mon mari et de mes animaux, semble être un juste retour des choses après des décennies d'exposition. Au fil des jours qui me sont encore donnés, je sais apprivoiser, avec patience, avec amour, le silence et la tranquillité. Aussi, bénéficiant d'un tel équilibre intérieur, je ne suis plus vraiment touchée par l'hostilité de certains, sauf quand je la trouve injuste. Car je peine à accepter le jugement de personnes que j'aime ou que je respecte. Je me dis que leur opinion est sans doute parasitée par la méconnaissance de ce que je suis réellement. Alors, au moyen d'une lettre ou d'un coup de téléphone, je me donne les moyens de retourner la situation en ma faveur. Et je crois que j'y parviens le plus souvent...

Le reste du temps, et hormis ces cas particuliers, je n'ai pas d'autres choix que d'accepter certaines étiquettes qui me collent au pelage. Héritage de ma vie de star, virulente réaction à ma condition de protectrice animale ou rejet en bloc de mes positions et de mon franc-parler : voici quelques-unes de ces images qui demeurent tatouées sur ma peau, jusqu'à, parfois, l'écorcher.

Mythe vivant

Être un personnage public est déjà une responsabilité, être un « mythe vivant » en est une autre. Et bien que cette formule ait toujours eu le don de me faire fuir, j'ai conscience que la seule évocation de mon nom déchaîne des passions de tous ordres. Depuis toujours, je vis avec cette sempiternelle rengaine : quoi que je fasse, quoi que je dise, tout est grossi, enjolivé, déformé et repris à l'extrême.

L'image de B.B., sa beauté, son style, son allure ont inspiré les plus grandes marques, des hommes, des femmes, des expositions, des films, des livres, je reste la femme la plus photographiée au monde jusqu'à aujourd'hui. Mais mon image a toujours dépassé ma propre personne, qui, elle, a maintes fois été traînée dans la boue. Quel drôle de paradoxe, une icône lumineuse et solaire et une personne ombrageuse et ombragée !

Durant ma vie d'actrice, j'étais poursuivie par les paparazzi, livrée en otage à toutes les horreurs que l'on pouvait dire sur les gens. On me salissait, on me prêtait toute une série d'actes qui n'étaient pas vrais. J'ai tout eu. Et souvent le pire. Je déployais tous les efforts du monde pour vivre une vie normale, entretenir des relations saines. Mais l'amour n'a jamais fait bon ménage avec la célébrité. Et beaucoup d'hommes ne savaient pas faire la part des choses entre l'amour qu'ils ressentaient pour moi et ce que je représentais aux yeux du monde.

À maintes reprises et particulièrement dans mes deux autobiographies, *Initiales B.B.* et *Le Carré de Pluton*, je crois avoir fait passer aux lecteurs l'envie de devenir une star. La violence subie, les insultes, la course-poursuite avec les journalistes, le tube de somnifères constamment à portée de main pour échapper à tout cela : je sais ce que signifie être traquée. Je connais le ressenti du gibier que l'on poursuit sans relâche, celui de la tourterelle que l'on abat en plein vol, du lion que l'on met en cage, de l'éléphant que l'on oblige à monter sur un ballon pour amuser les enfants.

Ce harcèlement m'a conduite à affiner un instinct infaillible. Il m'est arrivé de me promener avec mon ami Jicky, que je considérais comme le frère que je n'ai jamais eu, et soudain je sursautais :

— Ne bouge pas, lui disais-je, il y a un photographe...

Jicky s'amusait de cette panique :

— Écoute, arrête, ça devient obsessionnel...

Et un téléobjectif surgissait, quelques minutes plus tard, d'un buisson ou d'une poubelle. Je ressentais la présence, le regard, l'intention du voyeur. J'ai particulièrement affiné ce flair lors de mon histoire avec Sami Frey, que je considère comme l'une des plus fortes de ma vie. D'ailleurs, le fait d'être épiés et disséqués de manière permanente a sans doute eu raison de notre amour. Nous n'avions aucune possibilité de vivre normalement, contraints de nous terrer, reclus, de sortir la nuit, de nous camoufler, de ne jamais nous montrer ensemble, ou alors, l'un après l'autre. Le premier partait en reconnaissance et appelait l'autre : « Vas-y, c'est bon, il n'y a personne. » C'était épouvantable. Aucun amour ne pouvait résister à cela, aucun. Nous ne pouvions demeurer chez moi, dans mon appartement de l'avenue Paul-Doumer, car j'étais en plein divorce avec Jacques Charrier. Sami avait donc loué un boui-boui d'une arrière-cour, doté d'une sorte de cagibi qui nous servait de cabinet de toilettes. Et nous vivions là, cloîtrés dans ce terrier, duquel personne n'aurait eu l'idée de venir nous déloger. Nous avions à peine de quoi nous faire du café et nous nous nourrissions de sandwichs que Sami achetait n'importe où. Qui pouvait imaginer que la star que j'étais au moment de la sortie du film *La Vérité*[1] menait cette vie ? Ma vie était horriblement paradoxale. Nous nous

---

1. *La Vérité* est un film franco-italien réalisé par Henri-Georges Clouzot, sorti en 1960.

cachions comme des bêtes. Des animaux terriblement amoureux et passionnés mais en lutte avec le monde.

Lorsque j'ai quitté le cinéma, je n'en pouvais plus, le revers de la médaille de la popularité était trop lourd à porter. La popularité est un poison, elle m'a empêchée de vivre ma vie. Je ne sais pas ce que signifie se rendre tranquillement dans un bistrot, sur une terrasse, au théâtre sans être sollicitée. Cela m'est arrivé deux fois, avec le ban et l'arrière-ban qui était suspendu au moindre de mes mouvements. Je ne pouvais aller au cinéma, faire des courses, me promener dans des magasins. Dans une moindre mesure, cela est toujours vrai aujourd'hui. Lorsque je sors de La Madrague pour rejoindre ma petite ferme de La Garrigue, je peux rencontrer des marcheurs ou des automobilistes qui arrêtent ma voiture. Il est aussi arrivé que Bernard me propose d'aller dîner dans un petit restaurant de l'arrière-pays tropézien. Je refuse en général, car je sais que l'on viendra vers moi, que l'on regardera ce que Brigitte Bardot mange, la manière avec laquelle elle tient sa fourchette, on me proposera une énième photo, on me fera signer le livre d'or de l'établissement... Et je ne refuserai pas. Comme je n'ai jamais refusé. Car cette situation est évidente et je l'accepte. Les gens vivent et font ce qu'ils ont envie. D'autant plus qu'ils ne sont pas agressifs, ils sont même aimants et tendres à mon égard. Ils témoignent de leur amour pour moi, comment pourrais-je les rabrouer ? Mais c'est moi qui ne supporte plus qu'on me regarde, qu'on me scrute, qu'on me photographie. Je ne supporte plus. Je suis fatiguée de tout cela. Parfois, certaines personnes sont plus fanatiques que d'autres, elles veulent m'embrasser, me toucher et posent sur moi des yeux exorbités et suppliants. Cela me gêne, car je n'ai jamais compris cette idée d'idole, ou du moins, je l'ai toujours refusée.

Aussi, je ne saisis pas encore bien aujourd'hui les raisons de ma situation d'icône. J'ai vécu comme je le voulais. Je militais pour ma propre liberté de femme. C'est tout. Cocteau disait de moi que « je vivais comme tout le monde en étant comme personne ». Le secret réside sans doute dans cette nuance. Mes gestes et actions étaient adorés ou haïs, il n'y avait pas de demi-mesure. Dès que je faisais quelque chose qui ne plaisait pas, cela prenait de l'ampleur, tout était exagéré et atteignait des proportions inimaginables. C'était sans doute dû à mon caractère franc, parfois impulsif et sans concessions. Mais pas seulement. Je sais que l'on a vraiment voulu me nuire. Il y avait peut-être une forme de jalousie, parce que j'avais réussi de façon un peu magique, sans vraiment m'y attendre. Le fait que je vienne d'une famille bourgeoise et aisée, rompant ainsi avec l'image traditionnelle de l'artiste, y est sans doute pour quelque chose. J'ai bénéficié d'une chance insolente, je suis rapidement devenue un phénomène, sans avoir tiré de « cordons de sonnette », comme on disait à l'époque. Et lorsque je m'exprimais, mon ton désinvolte devait en faire rager plus d'un. D'autant plus que je me suis toujours donné la liberté de dire que je n'aimais pas ma condition : une offense pour beaucoup. Et pourtant, c'était vrai, je n'avais pas vingt-cinq ans et je clamais déjà haut et fort que je ferais tout au monde pour qu'on ne parle plus de moi. Je dénonçais la prison dorée dans laquelle j'étais enfermée. Je sais bien que cela pouvait passer pour une provocation, et pourtant, je ne pouvais faire semblant.

Une phrase de Mme de Staël résume très bien la détresse que peut favoriser la célébrité : « La gloire est le deuil éclatant du bonheur. » Je suis convaincue que la célébrité détruit. Il n'y a qu'à voir les destinées de Marilyn Monroe, de Romy Schneider ou encore de Marlene Dietrich. Celle-ci a terminé sa vie, isolée dans son appartement de l'avenue Montaigne. Je pense également à Annie Girardot, qui a quitté ce monde, souffrante et oubliée de tous. La plupart des grandes actrices ont eu une fin dramatique. Quand j'ai dit au revoir à ce métier, à cet art de vivre de fastes et de paillettes, d'images et d'adoration, de quête aussi d'être désirée, je me suis sauvée. Mon choix des animaux m'a arrachée des griffes d'un destin tragique. Car j'avais trouvé un sens à ma vie. Être un mythe vivant n'est pas un métier ou une fin, c'est un accident, un hasard, un plaisir gourmand mais éphémère. Découvrir sa raison d'être vous ramène à la terre et vous y ancre. La célébrité est l'illusion de la puissance. L'action vous en redonne les moyens. Bien que limités. Car s'il est bien une preuve de la stérilité de la gloire, elle demeure dans cette cause animale que je m'évertue, parfois en vain, à faire avancer.

La plus belle femme du monde

Je ne me suis jamais sentie belle. Cette fameuse beauté à l'origine de mon succès, je commence à ne m'en rendre compte que maintenant. J'ai grandi, vécu et mûri dans un doute abyssal me concernant. Chaque fois que je devais sortir, tout était source d'hésitation : comment m'habiller, me coiffer, me tenir, parler... J'ai toujours été indéterminée, voire incrédule quant à l'apparence que je renvoyais. Cela vient probablement du fait que Maman m'a collé un appareil dentaire durant mon enfance. Ce qui, du reste, s'accordait très bien avec mes grosses lunettes et ma vilaine coiffure... J'étais affublée d'une permanente bien trop frisottée pour conjurer le sort de mes cheveux « raides comme des baguettes ». J'avais une telle horreur de mon physique que, lorsque j'ai eu dix ou onze ans, j'ai décidé de prendre le parti de cette laideur. Je me disais : « Je suis moche, cela ne va pas être facile dans la vie, alors accepte-le. » Et cela m'est resté.

Cela peut étonner mais je n'ai pas du tout confiance en moi. Tout me terrorise. La force que je dois déployer pour lutter contre ce manquement est surhumaine. L'action et la confrontation m'effraient. Lorsque je décide ou accepte de faire quelque chose, je suis sûre de moi, mais le moment de la mise en pratique est une épreuve. Je crains toujours de ne pas arriver à mes fins. Lorsque je suis contrainte d'entrer en relation avec des tiers, le doute me fait toujours sombrer. Car la nature humaine m'intimide : j'ai peur de ne pas être comprise, de ne pas pouvoir arriver à faire passer mes idées. Particulièrement quand la vie d'un animal est en jeu. Lorsque je m'implique personnellement, je ne suis jamais sereine. Quand j'entame une action qui se solde en échec, je me remets en cause, cela me fait du mal et conforte mon absence d'assurance.

Enfant, au-delà de mon physique que je trouvais déplorable, j'étais terriblement rétrécie sur moi-même. Je n'étais pas bonne en classe et mes parents n'étaient pas très fiers de moi. Seule la danse classique m'a libérée de ces complexes. Face au miroir, les quelques pas effectués, l'élégance du geste me renvoyaient une image agréable. J'aurais pu être danseuse, je pense que j'aurais adoré. C'était très dur, mais chaque répétition était une victoire sur moi-même. Et je n'avais pas d'autres choix que de me dépasser. La rigueur et l'endurance inhérentes au monde du classique ont laissé des traces indélébiles sur mon tempérament. Aujourd'hui encore, je suis très disciplinée, je termine toujours ce que j'entreprends et je ne fais jamais les choses à moitié. Malgré mes béquilles qui me soutiennent, ma façon de me tenir, de m'asseoir, de me mouvoir est un héritage de ces heures de danse, de ce combat que j'ai mené avec et contre moi-même.

Publicité

Utiliser la souffrance animale pour redorer mon image... C'est l'une des accusations qui m'a le plus suivie dans ma vie de combat. Lors de nombreuses interviews, comme si la défense animale ne se justifiait pas d'elle-même, on m'interrogeait sur les bénéfices d'un tel sujet sur ma carrière. En 1962 déjà, onze ans avant de quitter le cinéma et au faîte de ma gloire, lors de l'émission « Cinq colonnes à la une », le journaliste Pierre Desgraupes me demanda si mon plaidoyer pour les bêtes d'abattoirs n'était pas orienté de manière promotionnelle... Je lui ai rétorqué que j'étais bien la seule personne au monde à ne pas avoir besoin de publicité. En réalité, seule la cause que je commençais à prendre à bras-le-corps en avait besoin. Et moi, j'étais prête à lui offrir ma notoriété tout entière.

Quelques années plus tard, en 1976, Jacques Chancel m'invita pour son émission « Radioscopie » où j'eus l'insolence de comparer la naissance de ma toute jeune association animale à une croisade. Malgré un talent reconnu, le journaliste s'engouffra dans la suspicion partagée par bon nombre de ses collègues. Il me questionna sur mon rapport aux animaux : si j'aimais les animaux plus que les hommes, si je ne souhaitais pas mettre mon immense popularité au service de drames supérieurs comme la faim dans le monde, le mal-être des enfants, des vieillards, des chômeurs... Bien élevée et perspicace, je m'empressai de balayer cette objection et restai droite dans mes bottes. Toutes les causes humanistes et humanitaires avaient déjà leurs défenseurs, les animaux en manquaient cruellement. Seuls la SPA, la LPO (Ligue pour la protection des oiseaux), l'ASPAS (Ligue pour la protection des animaux sauvages), l'OABA (Œuvre d'assistance aux bêtes d'abattoirs) menaient cette bataille. Considérant que la souffrance des animaux était ignorée voire dédaignée par le plus grand nombre, j'ai voulu combler ce vide.

Toutefois, la publicité ne m'est pas restée étrangère. Car j'en ai fait. Et plusieurs. Pour m'être vendue, je me suis vendue. Mais pour la bonne cause ! Pour payer ma Fondation et aider les animaux, j'ai accepté de promouvoir un after-shave anglais ou encore de représenter des produits français aux États-Unis comme du vin et du miel...

Faire respecter la vie animale sur Terre, telle était ma seule motivation. Et il m'a fallu du temps, de l'obstination et du courage pour le faire comprendre. La pire période de ma vie concernant les critiques et le déversement de haine reste mon voyage sur la banquise pour faire cesser le massacre des bébés phoques en 1977. Comme évoqué dans le premier chapitre, j'y ai été pire que ridiculisée, je me suis retrouvée dans une âpre guerre de tranchées face aux presses canadienne et norvégienne, venues plaider pour l'industrie et le commerce des peaux de phoques. On me demandait si je mangeais du bifteck, on affirmait que mon manteau contenait de la peau de blanchon, alors qu'il était confectionné en peluche marron. On me lançait que Valéry Giscard d'Estaing, qui m'avait soutenue en interdisant l'importation des peaux de phoques en France, était lui-même un chasseur invétéré. Poussée dans mes retranchements, j'avais alors porté le coup de grâce à cette assistance hostile en lui jetant qu'en Europe, on les appelait les « Canadiens assassins ».

De manière moins prévisible, des journalistes français de *L'Aurore* et du *Figaro* étaient également très hostiles à mon égard au Canada. J'y avais rencontré un journaliste du *Figaro* du nom de Desjardins. Ce dernier me soutint que Valéry Giscard d'Estaing prenait part à mon combat pour se réserver des voix électorales. Il me fit comprendre, sans détour, que mes prises de parole confinaient à la folie et que le gouvernement canadien aurait dû m'expulser *manu militari*, car il lui semblait impensable qu'une étrangère aille dans un pays pour les traiter d'assassins. Ne s'arrêtant pas là, il me signifia que j'étais une mauvaise actrice et que mes conférences de presse l'avaient encore prouvé. J'ai clôturé ce réquisitoire en lui assénant sans ambages que, contrairement à lui, « j'avais des couilles au cul ». Je pense que ce journaliste s'en souvient encore. Du reste, ce Desjardins a radicalement changé d'avis, jusqu'à vouloir m'accompagner durant ma seconde campagne au Canada en 2006.

En quittant le Canada, je pleurais des larmes de sang. Je ne soupçonnais pas que le pire restait à venir. En France, les journaux s'étaient donné le mot pour me tourner en ridicule. Fatiguée, désespérée, écœurée de voir un combat pour la vie et la justice animales à ce point sali, je rentrai dans mon appartement parisien du boulevard Lannes. Sur la table centrale, j'y découvris toute une série de coupures de journaux terrifiante. Dans un papier ordurier,

Philippe Bouvard expliquait que le massacre des phoques était un prétexte publicitaire pour redorer ma popularité en berne. S'ajoutaient à cela les commentaires de mes proches : de Madame Renée, ma gouvernante, qui m'asséna : « Nous ne sommes pas fiers de vous dans l'immeuble », jusqu'à ma propre mère, contaminée par l'agressivité ambiante à mon égard, qui se sentait « honteuse ». Enfin, pour couronner le tout, même à Saint-Tropez on se riait de moi : je puais le poisson, des moustaches de phoque m'étaient poussées, ma propre fourrure devait déjà blanchir... J'en passe et des meilleures. Je tiens néanmoins à préciser qu'à l'instar de certains de ses collègues Philippe Bouvard a ensuite révisé sa position, il m'a même avoué un jour qu'il s'était trompé à mon sujet et, dès lors, m'a baptisée sa « meilleure ennemie ». Au bout d'un moment, le temps apaise les choses et les gens changent d'avis.

Mais cette injustice, cette méchanceté gratuite en guise de réponse à un combat humaniste sont restées gravées en moi. L'humanité me dégoûtait. De rares amis comme Allain Bougrain-Dubourg et Franz Weber m'ont soutenue moralement durant cette période. Il m'a fallu du temps pour dépasser cette haine dont j'étais victime et pour être dans la capacité de voir que tout le monde ne pensait pas comme cela. Avec ce voyage et cette image de Brigitte Bardot enlaçant un bébé phoque, qui fera le tour du monde, un élan populaire était né. Et j'y ai puisé la force de combattre. Je garde intimement, en mémoire, les gestes d'amitié et de gratitude de millions d'anonymes. Plusieurs décennies avant l'avènement des réseaux sociaux, l'expression publique n'était encore tenue que par quelques-uns, il était donc difficile d'évaluer le ressenti du grand public sur tel ou tel événement. Les milliers de courriers que j'ai reçus à cette époque m'ont donné raison : au sein de la population, mon voyage sur la banquise était solennellement salué, à tel point qu'un surnom m'a été offert, telle une nouvelle naissance, une nouvelle identité : B.B. phoques.

Humaniser les animaux

Encore un faux procès. Humaniser les animaux ou animaliser les hommes est un faux débat. Et d'ailleurs, quelle différence y a-t-il ? Dans l'idée de respecter la vie de tous, je considère l'animal non humain comme l'égal de l'animal humain. L'amour que je souhaite porter aux êtres vulnérables ne tient pas compte des différences entre les espèces. La compassion n'a pas de frontières. Ce n'est pas les « humaniser » que de dire que les animaux sauvages, domestiques, marins ont des besoins vitaux. La vie est sacrée, il est impératif de tout faire pour la préserver, la respecter, la protéger, dans tous les domaines. Et d'ailleurs, j'utilise le même langage quand je parle de tout représentant d'une espèce. Pour moi, les cris de douleur dans les laboratoires d'expérimentations ne sont pas des « vocalisations », comme on peut le lire sur certains comptes rendus scientifiques. Les êtres animaux ne sont pas des numéros. L'abattage s'apparente pour moi à une extermination. La corrida est une peine de mort publique assortie d'une séance de torture et le « filet mignon » n'est rien d'autre qu'un bout de cadavre, sous cellophane.

Dire qu'il faut s'occuper des hommes avant les animaux s'apparente à une lâche tentative de se déculpabiliser. La cause animale est une cause humanitaire, celle de défendre les faibles, les opprimés et les humiliés. Songeons enfin à cela : mettre des mots sur « l'animal », en faire « un être animal » et reconnaître notre biologie commune nous renverrait outrageusement à la figure la honte historique et irréversible de les avoir traités comme nous l'avons fait.

Misanthrope

Je préférerais les animaux aux hommes. À bien des égards et dans l'absolu, je répondrais OUI ! Mais les choses ne sont pas aussi simples. Militer pour la protection animale est souvent vu comme le fait de marginaux, mangeurs d'herbe, illuminés, ultrasensibles et souvent déconnectés des (vrais) problèmes de la société. Il y a plusieurs explications à cela : la première est que s'occuper des animaux suppose que l'on prenne un peu de distance avec le nombril surdimensionné des hommes, et ça, ça ne passe pas ! Le monde est organisé pour être et demeurer au service de l'être humain. Aussi, même la vertu doit supporter ses intérêts. L'altruisme et la bienveillance n'ont de valeur que s'ils sont véhiculés en sa faveur. La générosité gratuite ou offerte à d'autres espèces que la sienne est hors de propos. Lorsque l'on sauve un humain, on est un héros. Quand on sauve un animal, qu'est-ce qu'on est ? Car s'occuper des animaux, c'est aussi remettre en cause un fait admis de (presque) tous : ils vivent pour être à notre service. Imaginer d'en faire autre chose que nos ressources, c'est élargir nos horizons « anthropocentrés », c'est-à-dire appréhender la réalité autrement qu'avec un œil humain. Ce ne serait plus exploiter le naturel, mais vivre avec. Et parfois s'y soumettre.

Le fait d'être sensible aux animaux ne me rend pas insensible aux êtres humains. Je renifle très rapidement chez mes congénères la détresse, le besoin de communiquer, d'être rassurés. Partout dans le monde, il y a des êtres qui ont besoin d'être aimés et qui n'ont personne pour leur donner de l'amour. S'intéresser aux animaux ne détourne pas de l'attention qu'en tant qu'être humain et femme je dois porter à mes semblables. Au contraire. En 2001, j'avais fait le voyage à Bucarest avec ma Fondation dans le cadre d'une campagne pour la stérilisation des chiens errants. Le contrat qui a été signé avec le maire en place, Basescu, n'a eu aucun effet, mais passons... Or, ce déplacement m'a permis de visiter et d'apporter le soutien nécessaire aux nombreux orphelinats et maisons de retraite de Roumanie.

Parallèlement à ma Fondation, si je m'occupe de personnes dans le besoin, âgées, malades, ou simplement seules, c'est dans un cadre plus personnel. Il est vrai que personne ne le sait. Mis à part Franck, mon secrétaire, qui met en pratique mes demandes, personne n'est au courant de ce genre de choses. Quand je peux lire ici et là que B.B. ne s'occupe que des animaux, je ne ressens aucun besoin de rétablir certaines vérités, car cela ne regarde personne. Je me garde bien de souscrire à cette attitude, que je considère comme vulgaire, d'étaler l'aide que l'on prodigue aux autres. Ma générosité est connue par celles et ceux qui peuvent la voir et l'entendre avec leur cœur et en bénéficier.

Mère indigne

Je l'ai dit, quand je faisais du cinéma, j'étais traitée de pute, de salope, de mauvaise actrice et j'en passe. Ces propos violents m'ont dégoûtée. Les différentes trahisons que j'ai subies également. Je me souviens très bien de m'être formé une piètre idée de l'humanité quand j'ai accouché seule chez moi. Le fait d'être traquée, même le jour de mon accouchement, fut la cause d'un traumatisme irrémédiable. C'était l'horreur, je n'ai pas connu pire. Quand une femme accouche, l'équilibre entre le déballage de son corps et la préservation d'une certaine pudeur est difficile à maintenir. Dans mon cas, tout a été sali et saccagé. Je donnais la vie et, pour couronner le tout, je devais partager ce moment avec le monde entier, car des centaines de photographes s'agglutinaient sous mes fenêtres. La chambre d'accouchement avait été installée chez moi, je n'avais pas de salle d'opération, le strict minimum médical avait été apporté. Je ne peux imaginer si cela s'était mal passé... Ce moment fut un choc, une blessure, une déchirure, je n'étais plus moi-même, je ne m'appartenais plus. Et c'est Nicolas qui en a porté les conséquences. Avec le recul, je sais que moralement, psychologiquement, j'ai associé sa naissance à ce traumatisme. Je n'ai pu faire face et assumer cette grossesse et cette naissance parce que trop jeune, trop inexpérimentée, trop active, trop connue, trop instable. J'étais malheureusement trop normale dans une vie anormale. Il ne faut jamais forcer une femme à faire un enfant, et même si l'amour vient avec les années. Car cet événement doit être heureux. Et s'il ne l'est pas, cela vous marque au fer rouge. Ce fut mon cas. Ce moment où la bête inquiétée que j'étais alors se tordait de douleur, sur le lit de sa délivrance, a beaucoup abîmé de choses dans ma vie.

Et je vous livre ici l'une de mes plus grandes blessures. Quand mes Mémoires sont sortis, je m'étais fait descendre en flammes car j'avais spécifié que j'aurais préféré « accoucher d'un chiot plutôt que d'un humain ». Ces mots durs et crus ne faisaient que trahir mon incapacité, mon inadaptation, mon manque de langage même pour décrire cette situation. Ce n'était pas une insulte à l'égard de mon fils, mon Dieu, non... mais la douleur face à cette absence de sentiment maternel. Car l'instinct maternel s'apprend, avec du temps et dans une vie calme, moi, j'en ai été privée et je vis cette déchirure encore aujourd'hui.

Durant l'enfance de Nicolas, nos rapports étaient pénibles. Pour lui comme pour moi. Et puis les choses se sont apaisées. Aujourd'hui, nous nous appelons régulièrement. Vivant en Norvège, il me rend visite une fois par an, à La Madrague, seul ou accompagné de sa famille, de sa femme, de mes petites-filles et même de mon arrière-petite-fille. La relation s'est normalisée. Mon fils est formidable, je l'aime d'une manière spéciale. Et lui aussi. Il me ressemble peu. Physiquement, il a beaucoup hérité de son père. Ses mimiques, ses gestes, sa façon de parler sont très « Charrier ».

Nicolas ne semble pas m'en vouloir, ni nourrir de l'amertume vis-à-vis de cette drôle de mère que j'ai été. Il n'est pas rancunier. Et pourtant il en a souffert... Je ne sais s'il a compris des choses de moi, de notre histoire commune. Nous n'avons jamais parlé de son enfance. Jamais. Et je crois qu'il est inutile de revenir sur le passé, c'est fini. En outre, quand nous passons un peu de temps ensemble, nous parlons peu. Il vient me voir, et nous vivons côte à côte. Ce sont des rapports que je ne saurais définir. Je ne lui transmets pas grand-chose, j'ignore ce qu'il aime chez moi. Et je ne lui demanderai pas. Ce n'est pas une question que je peux lui poser. Un jour peut-être, cela viendra de lui. Mais seul. Je ne dois pas quémander de mots, de gestes, d'attentions. Je ne peux pas le faire. Nicolas est animé par beaucoup de force, de caractère, d'intelligence. Il a su se former un cocon, une famille.

J'ai néanmoins une relation particulière avec ma petite-fille, Théa. Elle s'intéresse beaucoup à moi, à mon passé. Une année, elle était venue me rendre visite et nous avions du mal à nous comprendre entre le norvégien, l'anglais et le français. Et l'été d'après, elle est revenue, vêtue d'une robe Vichy, s'exprimant dans un français qu'elle avait perfectionné durant de longs mois. Je crois qu'elle l'a fait pour moi. Pour sa grand-mère. Je lui en suis infiniment reconnaissante.

Polémiques

Ma sincérité et mon jusqu'au-boutisme m'ont souvent valu bien des revers. Et pourtant, malgré mon grand manque de confiance en moi, je ne regrette jamais rien. Je ne me tourne jamais vers le passé. Mes différentes condamnations pour « incitation à la haine raciale » m'ont énervée, mais pas touchée[1]. Je n'ai jamais demandé à personne d'être raciste et je ne pense pas nourrir de haine raciale. Ce qui m'a le plus blessée est l'affirmation d'un journaliste selon laquelle mes opinions sévères « n'avaient pas fait de bien à la cause animale ». Je rejette cette accusation blessante, sans fondement et injuste.

---

1. Brigitte Bardot a été condamnée cinq fois. En 1997 et 1998 : suite à la publication dans *Le Figaro* d'une tribune le 26 avril 1996 ; en 2000 : suite à la nouvelle publication de cette lettre en annexe du deuxième tome de ses Mémoires *Le Carré de Pluton* en 1999 ; en 2004 : suite à la publication de *Un cri dans le silence* (Ed. du Rocher, 2003), et en 2008 : suite à la publication d'une lettre adressée au président Sarkozy dans l'*Info-Journal*, n° 59, daté du 31 octobre 2006.

Avant mes procès, et depuis une quinzaine d'années, je fustigeais déjà l'abattage rituel casher ou hallal dans les abattoirs, d'une part, et les sacrifices rituels terrifiants et sans contrôle lors de la « fête » de l'Aïd el-Kébir, d'autre part. Le point commun : l'égorgement des bêtes, à vif et sans étourdissement préalable. Ce qui nous laisse imaginer l'agonie qu'elles endurent. Elles se débattent, elles hurlent en se vidant lentement de leur sang. Depuis toujours, nos mouvements de révolte au sein de la Fondation, nos manifestations et pétitions n'y changeaient rien. Et une lettre « Cocorico » mit le feu aux poudres, « Mon cri de colère », parue dans *Le Figaro* le 26 avril 1996 critiquait ouvertement le sacrifice de l'Aïd et la multiplication des abattages clandestins. D'autant plus que, par la suite, les autorités préfectorales avaient autorisé l'égorgement de 1 000 moutons près de chez moi, à Bazoches. Je pris ce geste comme une provocation. Je fus jugée le 19 décembre 1996, relaxée en première instance mais condamnée en appel.

Si mes prises de position ont parfois brouillé le message humaniste que je portais, je le conçois mais je ne le regrette pas. Parce que ce qui est important pour moi, c'était de dénoncer l'horreur et la souffrance des égorgements à vif.

L'idée n'est pas d'interdire des actes religieux mais la cruauté qui en découle. Le problème en France est que l'on contourne la loi de 1962 sur l'obligation d'ouvrir la gorge d'un animal inconscient par des dérogations de complaisance. Là est ma révolte et j'y reviendrai dans les passages qui y sont consacrés[1].

Dès lors, et chaque année, lorsque le calendrier m'indique la tenue de l'Aïd et de sa cohorte

---

1. Cf. chapitre 3, « La religion » et « La tradition », p. 177 et 187.

d'égorgements légaux et clandestins, ce jour-là, mon sentiment d'impuissance atteint le summum. Ma désolation, ma peine et ma détresse rejoignent ces millions de bêtes égorgées dans d'atroces souffrances. Et tout cela avec la complicité du gouvernement de mon pays. Je ne le supporte pas. On ne peut encore aujourd'hui accepter que des traditions religieuses s'expriment par le sacrifice animal.

Je suis à fleur de peau devant ces massacres. Je ne veux de mal à personne mais je veux des règles et pas d'injustice. Me serais-je un jour étalée sur la façon de vivre de tel ou tel croyant si je n'avais dû dénoncer la cruauté des rites d'abattage dans les abattoirs ? Sûrement pas. Mais je ne peux me taire devant ces atrocités, le cœur me sort des yeux, ma colère est trop puissante.

La vérité est que j'ai toujours été méfiante à l'égard de la religion quand elle domine les pensées et l'action humaine. J'ai fait une lettre, un jour, parce qu'une femme devait être lapidée au Nigeria et cette femme a été graciée. Encore une fois, je lutte contre la cruauté, la barbarie et l'exploitation des plus faibles, et d'autant plus si cela est fait au nom de Dieu. Les façons de vivre, les faux-semblants qui avilissent l'homme et anéantissent leur libre arbitre, je le dénonce. La religion qui soumet, que l'on pratique les yeux fermés, l'extrémisme qui fait commettre des actes terribles, je le dénonce. Enfin, la principale raison de mon manque de regrets concernant les propos que j'ai pu tenir réside dans le fait qu'ils ont conduit bon nombre de Français à s'interroger sur l'abattage rituel. J'ai tellement matraqué les gens et les politiques sur la cruauté de ces pratiques qu'on a fini par en parler. Oui, j'ai peut-être sacrifié un peu mon image. Tant pis. Et tant mieux pour les animaux.

Dans la droite ligne de la précédente dénonciation, on m'a fermement collé une image frontiste. Mais les origines sont plus lointaines. Elles datent de juin 1991, quand ma Fondation me fit parvenir un questionnaire sur l'Aïd pour le journal *Présent*... On m'avait pourtant bien prévenue que c'était un journal politique d'« extrême droite », mais je l'ai ignoré. N'ayant jamais fait de politique de ma vie, je ne savais tout simplement pas ce qu'était « l'extrême droite ». Tout ce que je peux dire, c'est que si *L'Humanité* m'avait envoyé le même questionnaire, mes réponses en auraient été inchangées. Et puis l'article fit scandale, sans que je comprenne vraiment pourquoi. Et à partir de ce jour-là, je fus considérée comme raciste, FN, égérie de Jean-Marie Le Pen et j'en passe. Et pour ne rien arranger, un an plus tard j'ai rencontré Bernard d'Ormale, un ami de Jany, l'épouse de Jean-Marie Le Pen. Bernard qui ne fut jamais le conseiller de ce dernier, ni même son « éminence grise », comme cela a souvent été écrit...

Il est vrai que, toute ma vie, j'ai été très vacillante s'agissant de mes opinions politiques. J'ai soutenu Valéry Giscard d'Estaing, pris parti pour Jospin, affiché mes affinités avec le discours de Marine Le Pen... J'ai aussi sollicité Jean-Luc Mélenchon. Et si jamais un communiste prenait position contre une cause qui me tient à cœur, comme l'hippophagie, je courrais à sa rencontre pour le remercier...

Maintenant, je ne veux plus prendre parti pour qui que ce soit. Ce que je sais, c'est que lorsque l'on souhaite réellement le bien des animaux, qui est une cause supérieure entre toutes, car elle concerne le Vivant, je me moque du parti politique. Je n'ai jamais été une militante. Moi, depuis toujours, je réponds aux questions, sans stratégie ni calcul.

Impulsive

Peut-être a-t-on parfois du mal à me comprendre parce que je suis impulsive. Je suis sans fard et cela fait peur. Quand un animal est à terre, ma colère est volcanique, ma révolte est sans obstacle et emporte tout sur son passage : la morale, la bienséance, la bien-pensance. Je m'emballe. J'ai toujours été comme cela. Malheureusement et heureusement, car cela a fait la passionnée que je suis.

En 1953, un couple d'Américains, Julius et Ethel Rosenberg, avaient été condamnés à mourir sur la chaise électrique. Ils étaient accusés d'espionnage pour l'URSS. Je venais de me marier avec Vadim, j'étais encore très gamine mais déjà contestataire. Malgré le raz de marée de protestations dans le monde, rien ne semblait pouvoir empêcher la condamnation à mort dont allait être victime ce couple. Une nuit, j'ai donc écrit à la main sur des tas de petits bouts de papier : « Libérez les Rosenberg ! », « Sauvez-les ! », « Honte aux États-Unis ! ». Et j'avais demandé à Vadim de m'emmener sur la route d'Orly pour jeter toutes ces petites missives par la fenêtre, en espérant pouvoir apporter une petite aide à ces gens... J'étais si naïve. Les Rosenberg ont été électrocutés quelque temps plus tard.

Je réfléchis parfois peu avant de parler et d'agir, mais cela me correspond. L'éducation stricte et bourgeoise que j'ai reçue était fondée sur le contrôle, mais cela ne m'a jamais empêchée de dire ce que je pensais. Je ne serre jamais les dents. Je ne connais pas la frustration du silence. Aussi, je peux prendre une décision en quelques secondes, comme lors de la vente de mon appartement boulevard Lannes. Dalida l'avait visité et ma femme de chambre m'avait confié que la chanteuse était venue vêtue d'un manteau extraordinaire, très snob, très chic... mais en fourrure. J'ai appelé l'agence immobilière pour leur dire que je ne céderai jamais cet appartement à Dalida, et ce, malgré l'affection que je portais à cette dernière.

Cette impulsivité, ce débordement, je les assume. Car, dépourvue de cette rage, mon combat ne serait pas devenu ce qu'il est aujourd'hui. En septembre 1981, j'appris qu'une fleuriste de Saint-Tropez avait tué son chat à coups de bâton. Cette nuit-là, les voisins avaient entendu les hurlements du pauvre animal pendant des heures et la vindicte de la mère et de son fils, complice du crime. Je connaissais cette femme depuis vingt ans, ni une, ni deux, je me suis donc précipitée dans son magasin et lui demandai de s'expliquer sur ce crime. Elle m'envoya balader, m'intimant de me mêler de mes affaires. Elle me confirma donc, à demi-mot, le terrible supplice qu'avait enduré son chat. Hors de moi, je me mis à hurler sur la place publique : « Salope ! Salope ! Salope ! » La fleuriste m'attaqua en justice pour diffamation et outrages. Je fus inculpée mais je gagnai le procès un an plus tard.

Mon émotion est parfois trop excessive mais je ne le regrette jamais. Je préfère être comme cela plutôt que dans l'indifférence, la maîtrise de moi. Parfois, je manque sérieusement de diplomatie. Je me dis que j'aurais pu dire ou faire autrement, mais au fond de moi, je ne regrette pas. Il faut me connaître pour me comprendre, c'est vrai, et c'est le privilège rare de certains de mes amis. Parmi ceux-ci, Allain Bougrain-Dubourg m'a toujours dit que j'étais « le meilleur et le pire », « le blanc et le noir ». Et il avait raison.

Amours, etc.

La ferveur contrôle ma vie et en premier lieu les sentiments. L'amour en tant que tel ne vaut rien s'il n'est pas passion. J'aime l'amour, c'est bien pour cela que j'ai souvent été infidèle. À chaque relation, je repartais sans cesse en quête d'autres amours quand le présent devenait un peu tiède. Je n'aime pas l'entre-deux, le moins bien. J'ai toujours recherché la passion et, quand elle touchait à sa fin, je faisais ma valise. L'amour, vécu de façon innée et instinctive, a toujours guidé mes pas, mes jours et mes nuits. Comme je l'ai souvent dit, l'amitié est une aumône en comparaison à l'amour-passion, je n'ai donc jamais gardé de relations avec les rares hommes que j'ai follement aimés. Avec Serge Gainsbourg, les choses se sont passées différemment. D'une part, notre idylle fut très courte, et d'autre part, à la fin de sa vie, nous avons repris des échanges continus, par téléphone. Il se sentait seul, vraiment très mal et très malheureux. Et moi aussi j'étais seule et je n'étais pas très heureuse non plus. Et malgré les années passées depuis notre liaison, une complicité extraordinaire demeurait entre nous. Je crois bien que notre passion fulgurante, et qui a duré très peu de temps en fin de compte, s'était transformée pour prendre la forme d'une relation de vieux couple !... Alors j'ai accompagné Serge et il m'a accompagnée. C'était une forme de fidélité entre deux fauves moins sauvages qu'auparavant mais qui savaient se reconnaître en un clin d'œil. Mais Serge demeure un cas particulier, car l'amour à mort, l'amour symbiose, l'amour unique et indicible que j'ai partagé avec deux autres hommes n'a jamais mérité de suite. Je ne le pouvais pas, car j'ai trop aimé fort Sami, j'ai trop aimé fort Jean-Louis pour avoir des relations amicales avec eux. Et je pense que jamais ni l'un ni l'autre ne seraient venus chercher auprès de moi un secours, pas plus que je ne serai venue en chercher un auprès d'eux. Et pourtant, l'amour absolu, l'amour plein et entier qui se suffit à lui-même et que j'ai ressenti pour ces deux êtres d'exception fait partie des plus belles pages de ma vie. Certes, ces relations habitent un passé révolu, mais elles portent en elles, par leur unique intensité, la grâce de l'éternité.

Résolument, je me sens plus animale qu'humaine. J'ai l'apparence d'un être humain donc j'ai les défauts d'un être humain, mais à l'intérieur, je suis un être animal. En outre, j'ai besoin de liberté et en même temps, de protection. La personne qui vit avec moi doit prendre en compte cet équilibre. J'ai un immense besoin d'indépendance, mais aucunement de solitude. Comme un animal, je ne peux supporter l'abandon et la solitude quand j'ai offert mon amour. Et j'assume ce côté chien, cette disposition à protéger ma maison, à garder mon temple, ce besoin de tendresse, de câlins, de chaleur humaine et de liberté. Il n'y a rien que je déteste plus que les mondanités, les rassemblements de gens, les soirées. Durant ma carrière d'actrice, j'ai été très malheureuse quand on m'a imposé de tels rendez-vous. Chaque fois que j'y ai été obligée, c'était une horreur pour moi, je le faisais à contrecœur et j'en attendais la fin avec impatience. Je ne pensais qu'à me réfugier à Bazoches, où je vivais comme une sauvageonne, décoiffée, pieds nus, en bottes, en jean, en grosse doudoune et sans apprêts aucun.

Je suis très craintive, j'ai toujours évolué au sein d'un carré rapproché. J'aime avoir des histoires personnelles, amicales et professionnelles longues. Je pense à mon imprésario Mama Olga, ma maquilleuse Odette qui était comme une mère pour moi. Je l'ai accompagnée jusqu'à la mort et elle me manque beaucoup. Franck, mon secrétaire particulier, est près de moi depuis des décennies. Et je ne parle pas de Bernard, dont j'ai toujours su qu'il serait mon dernier mari. Bernard a épousé mon combat quand il m'a demandée en mariage. Jour après jour, il milite avec moi, il me nourrit de réflexions et de méthodes pour mener à bien mes projets. Contrairement à ce qui a souvent été dit, Bernard ne me dit pas comment penser, au contraire il me tempère beaucoup. Lorsque je l'ai rencontré, il m'a offert la présence et le réconfort qui me manquaient tant depuis des années. Les sept années qui ont précédé sa venue dans ma vie, je souffrais d'une grande solitude, j'étais accablée d'épreuves et je pensais être trop vieille pour vivre avec un compagnon. Et pourtant, ce n'étaient pas les prétendants qui manquaient, mais aucun ne correspondait à mon choix de vie. Et puis Bernard est arrivé : il m'a plu, parce qu'il était lui, au-delà de moi. Il avait sa personnalité, son intelligence, son érudition, il avait une espèce d'insolence que je trouvais amusante et que, du reste, il a gardée. Bernard a sécurisé la cible très fragilisée que j'étais devenue.

Notre quotidien d'aujourd'hui n'est pas banal. Nous échangeons peu, nos deux autonomies cohabitent dans une relative harmonie. Étant natif du 15 août, comme Napoléon, Bernard peut avoir un caractère très autoritaire et j'admets que je ne suis pas très simple à vivre non plus. Mais aujourd'hui, cela fait vingt-cinq ans que nous sommes mariés et lorsqu'il part, ne serait-ce qu'une journée, j'ai un mal fou à vivre sans lui. Je ne m'explique pas la pérennité de cette relation, si ce n'est que Bernard est un homme qui a toujours su faire la part des choses entre la gloire que je représente et l'être que je suis. Bernard n'est dupe de rien, ni de mes détracteurs, ni de mes flatteurs. Il est l'une des seules personnes de ma vie à avoir fait durablement la part des choses entre Brigitte et Bardot, et cela m'apporte un apaisement tardif mais salvateur.

3
L'animal que je vis

Pourquoi les animaux m'ont-ils sauvée ?

La vie ne vaut la peine d'être vécue que si elle est nourrie par l'amour. L'amour est un moteur, une ressource et un sauvetage. Il fut le mien à un moment où je n'avais plus que des questions sans réponses. Certains pensent peut-être que j'exagère quand je dis que l'animal m'a sauvée. Non seulement, je le répète, mais en plus, je pense qu'il pourrait aussi sauver d'autres hommes et l'humanité tout entière.

L'amour que je porte aux animaux se décuple en permanence. C'est une affection illimitée que je n'ai jamais ressentie pour un humain. Je ne me lasse jamais d'eux et ils ne me déçoivent jamais. Les hommes ne sont pas toujours aussi remarquablement beaux à l'extérieur et à l'intérieur que les animaux. Ceux-ci donnent leur cœur, entièrement, de manière inconditionnelle. Et ils ne le reprennent jamais. Contrairement aux hommes, les animaux ne m'attristent que lorsqu'ils disparaissent, ils ont une façon de vivre bouleversante, ils n'ont rien, ils ne possèdent rien d'autre que leur vie. Et, s'agissant des animaux de compagnie, ils vous l'offrent, avec confiance. C'est pour cela que j'ai développé un grand désir de protection à leur égard : je m'inquiète pour eux, je les accompagne et les rassure quand ils se réveillent la nuit, je leur parle quand je sens une tristesse de leur part, je les soigne. Je fais avec eux ce qu'il est possible, pour d'autres, de faire avec les petits des hommes.

Les animaux m'ont sauvée, car ce qui me lie à eux est l'amour pur, ressenti et vécu. Vivre à leur contact, c'est vivre dans l'essentiel. Se laisser aller dans les faux-semblants est usant à la longue. Vivre dans les lumières, les regards, les attentes, abîme l'intérieur. Et passer ses jours tourné vers soi, vers ce que l'on pourrait dire de soi, est très dangereux, car on en oublie le vrai.

J'ai pu traverser mon « Carré de Pluton », la période la plus sombre de ma vie, grâce à mes animaux. Ils étaient là quand j'étais seule, ils étaient là quand j'étais malade, ils étaient là quand j'étais en dépression. Et c'est réellement en leur compagnie que j'ai résisté. Car, à l'instar d'enfants que j'aurais protégés dans ce genre de circonstances, j'ai toujours eu le souci de préserver mes animaux. J'ai souffert d'un cancer du sein, mais mes animaux ne l'ont pas ressenti car je n'ai jamais donné de signes de faiblesse. Je ne le voulais pas. Comme je l'ai déjà évoqué plus haut, étaler sa souffrance physique est pour moi une attitude indigne et impudique.

La vie est un miracle et j'en ai toujours eu conscience, aussi, quand le mal s'est déclaré, j'étais persuadée d'être plus forte que lui. Car j'avais le mental, la force de vaincre. C'est ce qui me porte en général : cette puissance que j'ai en moi, d'affronter ce qui m'attaque. Je ne veux pas me laisser abattre et je ne veux pas que cela se voie. Les animaux, les chiens en particulier, ressentent beaucoup les états d'âme et il ne faut pas perturber leur psychisme à eux, cela peut les contrarier, les laisser traumatisés, stressés. Je le refuse. C'est sans doute, avec ce souci constant de ne pas les ébranler psychologiquement, au moment même où j'étais au plus mal, que j'ai pu traverser ces épreuves. Je ne voulais pas flancher, pour moi et pour eux. Cette discipline a été mienne durant ma maladie, comme lors de mes périodes de dépression, des souffrances morales terribles, parfois supérieures, liées à la solitude de vie.

Je suis une personne très intérieure et qui peut aisément se perdre dans des gouffres de réflexions. Depuis toujours, je médite, je me pose des questions sur le sens de la vie, le bien et le mal, le nécessaire et le superficiel... Ces questions métaphysiques peuvent s'imposer à moi lors de grands rendez-vous comme la perte d'un être cher, un chagrin d'amour ou des événements liés aux animaux. Les massacres annuels à Yulin en Chine, dont je parlerai plus loin, ou l'Aïd en France provoquent chez moi un désespoir fou. Les massacres de masse m'horrifient tellement que cela me précipite dans une phase noire de détresse.

Je vis tout intérieurement. J'ai tellement de trucs qui se bousculent au plus profond de moi-même que, si je lâchais la pression un jour, je ressemblerais à une vraie cocotte-minute avec un chignon à fleurs. En ce sens, j'ai peu de correspondances qui m'aideraient à me soulager, peu de gens à qui me confier. J'aimerais parfois me délivrer de quelques tourments, mais bien souvent, les échanges manquent de profondeur. L'absence de réciprocité d'esprit dans les discussions rend mon quotidien incomplet. Ce n'est pas un hasard si je suis follement tombée amoureuse d'hommes introvertis. Cela faisait écho à mes propres besoins d'intériorité, quitte à ce que la relation prenne une tournure quelque peu torturée... Mirko portait une fragilité intime. Et avec Sami, nous étions repliés sur nous-mêmes, notre monde était impénétrable. Nos deux univers s'étaient rejoints et personne ne pouvait le comprendre. Or, la vie a voulu que cette histoire ne continue pas. Peut-être existait-il un ressort négatif à cette fusion des cœurs et peut-être que cette vie repliée aurait très bien pu se solder dans des circonstances dramatiques ?

Comme je l'ai dit, mon état est conditionné par les événements et les rencontres. Aujourd'hui, ma vitalité, mes envies de légèreté et d'amusements sont bien souvent inassouvies. Je ris rarement. La plupart du temps, je travaille dans mon bureau, je suis témoin des horreurs du monde et cela m'entretient dans une certaine morosité. Bien que je sois encore très capable de rire ! Les gens qui viennent me voir sont, pour une grande majorité d'entre eux, liés à la cause animale. Nous partageons les mêmes problèmes et souvent ils viennent trouver auprès de moi une consolation.

Fort heureusement, ma vitrine sur le monde demeure dans le courrier que je reçois, en provenance d'hommes et de femmes qui me disent tout le bien que je leur fais. Les remerciements adoucissent mes jours d'une manière incroyable. Un jour, j'ai ouvert une enveloppe qui ne contenait rien d'autre qu'une grande page blanche et un simple « Je t'aime ». J'ai ri aux éclats. Les témoignages d'amour moraux et spirituels offrent un merveilleux équilibre à mon existence solitaire.

Les animaux me sauvent également car ils m'empêchent d'être totalement prisonnière de moi-même. Je viens de fêter mes quatre-vingt-trois ans, et cela ne revêt aucune forme d'importance pour moi. Au contraire, je déteste le 28 septembre. Car au lieu d'être un jour joyeux, convivial, sympathique, c'est un moment où je suis harcelée, dépassée par des courriers, des demandes, des interviews. C'est la pire période de l'année pour moi, celle où j'ai envie de disparaître de la circulation. Tant de témoignages d'amour, c'est formidable, mais c'est trop. Comme d'habitude. Ma vie se résume au « Trop ». Cela pourrait faire l'objet d'un slogan : « Bardot, c'est trop. » Les gestes anonymes, qui me parviennent par centaines, sont souvent envahissants et étouffants. À titre d'exemple, le jour de mes quatre-vingts ans, j'ai reçu 10 000 lettres d'un coup... Pour moi, un anniversaire de rêve serait un anniversaire oublié par tous.

Vous ne pouvez pas savoir comme la célébrité est lourde à porter. La mienne m'a amusée durant mes premières années, mais elle a pris une telle ampleur, au-delà de ce que l'on pouvait imaginer... Je ne suis même plus populaire, je suis mondialisée. Partout dans le monde, où que j'aille, je suis connue et reconnue. Cela m'empêche de vivre. La vie que j'ai eue ne ressemble pas à celle que j'aurais espérée. Moi, je voulais faire des choses avec passion, enthousiasme et liberté. Résultat : je n'ai aucune liberté. J'ignore ce que c'est que de marcher quelque part sans que personne vous regarde. Il y a bien longtemps que je n'ai plus connu cela. Aujourd'hui encore, chaque sortie est une équipée. L'une de mes dernières échappées a consisté à me rendre chez le dentiste. Ce dernier a eu la bonne idée d'installer son cabinet non loin de la place des Lices, le cœur touristique de Saint-Tropez. Si bien qu'en général je m'arrange pour ne pas avoir mal aux dents l'été... Et quand il n'y a pas de touristes, les Tropéziens me laissent tranquille. Or, si les calmants n'ont aucun effet et que je n'ai pas d'autres choix que de consulter, mon gardien me dépose sur la place et, de là, je fonce à toute vitesse avec mes béquilles vers la porte du cabinet. De même, je ne peux pas envisager de me balader sur le port. Cela fait belle lurette que ma venue ne crée plus d'émeutes mais les visages se retourneront sur mon passage. Exception faite lorsque je suis allée voir le trimaran Sea Shepherd, qui porte mon nom, le jour de mes quatre-vingts ans, et le plus discrètement possible. Mais en règle générale, je suis lassée, épuisée de tout ce cirque. Je ne vais pas non plus me déguiser pour passer incognito... Du reste, je ne l'ai jamais fait. Je ne pouvais pas, j'ai toujours eu envie de rester telle que j'étais. Et bizarrement, quand je portais des foulards ou des lunettes, les gens me reconnaissaient quand même.

Parfois, je me prends à rêver, pouvoir flâner, regarder des vitrines, choisir moi-même un cadeau pour quelqu'un. Parfois aussi, j'aimerais m'asseoir à la terrasse d'un petit troquet, regarder les joueurs de boules, l'allure des passants, voir les gens vivre simplement.

Je reste complaisante avec la mondialisation de mon image quand elle concerne les animaux. On pourrait croire qu'aujourd'hui, à mon âge, je suis épargnée. Au contraire, étant devenue « la Fée des animaux », on me voue un culte d'admiration qui va au-delà, bien sûr, du cinéma. C'est comme si j'étais sanctifiée. Je reçois un courrier incroyable qui me tire les larmes, me désignant comme une sainte, la Mère Teresa des animaux, la saint François d'Assise moderne. En réalité, j'ai juste fait don de moi-même, au détriment de ce que la vie aurait pu me donner, à savoir une situation agréable et confortable, des moments de détente, des trucs et des machins. Ce rejet de tout cela, c'est ce que les gens saluent en moi.

Je me suis donc trompée. Je pensais sincèrement que je retournerais dans l'anonymat en m'engageant pour la protection animale. Je me disais que l'acte se confondrait avec ma personne, que cette cause me dépasserait, moi et mon physique. Et en fin de compte, j'en sors grandie. Parfois les gens sont pieux avec moi, ils sont proches, ils aiment me toucher comme une chose sacrée... Pas une relique, j'espère ! Et si la distance est quasi inexistante, c'est à cause du rapport affectif que j'ai toujours entretenu avec tout un chacun. Les gens viennent vers moi spontanément, avec mon authenticité, mon naturel, mon accueil. Un jour, une dame attendait avec un bouquet de fleurs devant mon portail, je lui ai permis d'entrer et je lui ai fait visiter ma maison. Elle est repartie en ayant l'impression d'avoir partagé quelques instants de ma vie, d'avoir connu un moment de mon intimité. J'ai aussi fait entrer deux jeunes filles dans ma vie un après-midi. Elles l'ont vécu comme un miracle. Et moi, elles m'ont apporté un brin de fraîcheur, un flot d'amour et de gentillesse. De la part de parfaits inconnus, c'est un plaisir unique. Ma maison est peut-être la seule « demeure de star » au monde à ne pas être surveillée. J'ai un gardien, ma chienne Craquotte, prête à bouffer le cul des intrus, et c'est tout. Je suis protégée par un petit portail bleu et par la décence des gens qui m'aiment et qui n'osent pas franchir certaines limites.

Une fois encore, je rentrais à La Madrague avec ma 4L et mes chiens, quand j'ai dû m'arrêter au milieu de la route pour éviter une chienne en fuite. Un couple d'une soixantaine d'années essayait de l'attraper. Quand la femme m'a reconnue, elle est tombée en pâmoison, elle a pris ma main et l'a embrassée. Je suis sortie de ma voiture et, instinctivement, j'ai pris cette dame dans mes bras. Pendant ce temps, mes chiens se faisaient la malle avec l'autre chienne... J'ai serré sa maîtresse, comme si elle était un membre de ma famille, ma fille, ma sœur, que sais-je, j'ai senti un immense amour m'envahir. La proximité, quand elle est partagée avec une personne, l'une après l'autre, cela fait vraiment du bien. Cela remplit le cœur. Un amour pareil qui vous arrive sur le coin d'une route, parce que c'est elle et parce que c'est moi, parce que c'est les animaux, c'est cela que j'aime, c'est cela que je garderai comme « l'enchantement » de ma vie.

Enfin, les animaux m'ont sauvée car ils m'ont offert une vieillesse belle et assumée. Je suis sereine et ne souffre d'aucune frustration. Car avant eux, j'avais déjà tout fait : le tour du monde, le tour des personnalités, des anonymes, des lieux, des situations, des sentiments. Oui, j'ai connu beaucoup de monde, beaucoup de choses, et c'est pour cela que je ne veux plus voir personne. J'en ai fait le tour et ce tour m'a ramenée aux animaux. Je ne réalise pas mes quatre-vingt-trois ans. Et pourtant, j'ai vécu mes huit décennies comme il le fallait. Mes trente-quarante ans reste ma période favorite. J'y ai été la plus heureuse, la plus belle, la plus épanouie. Côté vie privée, j'étais en pleine force de tout ce que je pouvais avoir de mieux en moi. Ce fut l'âge de la maturité aussi. Je savais que j'avais brûlé tout ce que je pouvais de folie, de vitalité, de joie, d'insouciance et de butinages en tout genre. Ce furent donc des années de bilan. Je me rendais bien compte que ce que j'avais vécu était formidable et que, dès lors, ce ne pouvait être que misérable. Jusque-là tout avait été gros, grand, décuplé : les succès, les bonheurs, les drames aussi. Et je ne souhaitais pas expérimenter le moins bien et ne garder que cela si tout devait s'arrêter. Il était urgent que je change mon point de vue sur l'existence, dès lors, j'ai commencé à imaginer ma vie autrement.

Comme tout ce qui est naturel, j'accepte la vieillesse. J'ai toujours vécu dans l'idée que l'on perd inévitablement ce que l'on a et ma jeunesse, ma beauté, ma fraîcheur n'ont pas fait exception. Il ne me reste pas grand-chose de mes jeunes années, si ce n'est mon âme, une âme d'enfant, encore émerveillée par plein de petites choses. Je m'amuse et me désespère de tout. Je suis très naïve également, je me fais avoir facilement. En général, je me méfie de ce que je ne devrais pas et je fais confiance à ce que je ne devrais pas non plus… Je suis également très crédule, je crois les choses que l'on me dit.

Je ne peux pas imaginer avoir aujourd'hui quatre-vingt-trois ans, car je vois toujours les choses avec les mêmes yeux. On ne vieillit pas à l'intérieur. Évidemment, cela ne concorde pas vraiment avec le reflet que me projette le miroir. J'y vois le visage d'une dame âgée, bien sûr, mais aussi qui a vécu. Chaque ride qui parsème ma peau, chaque creux et chaque pli racontent mon histoire. Étonnamment, ce que j'aimais le plus, mes cheveux, n'ont quasiment pas changé. Ils n'ont jamais été aussi longs et tombent jusqu'aux reins. Je suis contrainte de les attacher en chignon car je ne pourrais pas vivre ainsi, ils se coinceraient dans le dossier de ma chaise, les chiens s'entortilleraient les pattes dedans. J'aime ma chevelure éclatée, des mèches châtaines de ma couleur naturelle, des morceaux décolorés par le soleil d'avant, de superbes mèches blanches qui m'encadrent le visage. Tous les jours je fais mon chignon et tous les jours je me maquille. Je ne vois jamais personne mais je suis toujours soignée. Enfin, je fais ma manucure aux pieds, eh oui… mes pieds sont ce que j'ai de plus joli… je chausse du 36,5.

J'aime beaucoup mes oreilles aussi : c'est très rare d'avoir de si belles oreilles ! Mais je crois que je vais m'arrêter là...

Et pourquoi les animaux pourraient-ils tous nous sauver ?

Les animaux nous sauveront quand nous changerons notre regard sur eux. Quand nous déciderons de les voir autrement que ce qu'ils sont aujourd'hui : de vulgaires ressources, de simples objets. Et moi, j'aime imaginer un monde de complémentarités entre nos deux espèces, des relations d'échanges et de réciprocité. L'humanité serait plus valeureuse encore si elle se préoccupait du bien-être des animaux. Ouvrir sa générosité à d'autres êtres que les humains serait une étape historique.

La considération : voilà un bien grand mot pour quelque chose de naturel.

Nous avons longtemps cru que les animaux agissaient comme des automates sur pattes, ils bougeaient, couraient, mangeaient, se reproduisaient par réflexe. On pensait qu'il était impossible pour eux de réfléchir ou même d'imaginer des solutions s'ils se trouvaient devant un problème. C'est une ineptie. Non seulement ils sont capables de réfléchir, mais en plus d'inventer. On sait maintenant que les abeilles ont imaginé le GPS avant nous, qu'elles se servent de mathématiques pour calculer leur déplacement et donner des informations aux autres insectes de la ruche. Jane Goodall avait découvert que les chimpanzés se servent d'outils pour frotter le sol, faire sortir les termites et les manger. Et avant que Dian Fossey accepte de faire publier une photo d'elle dans le *National Geographic*, sa main dans celle d'un gorille, on pensait que cet animal était agressif, monstrueux. Il n'y a qu'à voir les images d'Épinal véhiculées par le film *King Kong*[1]. La primatologue nous a montré que ce grand singe était en réalité un herbivore affectueux et pacifique.

L'intelligence animale est incroyable. Mais je regrette qu'il faille faire des expériences, parfois grotesques, pour se le prouver et pouvoir respecter les animaux à leur juste mesure. Je vois les expériences des scientifiques : on met un singe dans une boîte avec une paille, un porcelet au contact de plusieurs mères pour voir s'il reconnaît la sienne. Je n'aime pas l'idée que l'homme ait besoin de trouver un être intelligent pour le respecter. On se compare pour aimer. On mesure la taille de nos cerveaux, on mesure les capacités des hommes, des fauves, des mammifères marins, primates ou chevaux pour les considérer.

Moi, j'embrasse le mystère animal, je ne comprends pas tout de leur univers et c'est cela que j'aime. J'observe un animal, il m'observe, une distance respectueuse entre nos deux espèces est établie. Nos différences font nos complémentarités. Gérer tout pour contrôler, de peur d'être dépassé par l'inconnu, c'est pathétique.

Il faut maintenant que l'homme fasse preuve d'honnêteté vis-à-vis de l'animal. C'est un être. À tous points de vue. Et nous ne pouvons plus faire la distinction entre un être animal-humain et un animal non-humain. Considérer les animaux parce qu'ils ressentent la douleur, parce qu'ils sont conscients, parce qu'ils ont une histoire et un avenir est d'une urgence capitale. On doit les respecter pour leur

---

[1]. *King Kong* est un film réalisé par Ernest B. Schoedsack et Merian C. Cooper, 1933.

nature, leurs mœurs, leurs besoins, leur façon de vivre dans les territoires où ils ont besoin d'être. Ce ne sont pas que des ressources, des objets ou des produits de commerce. Tous ces serpents, araignées, mygales et autres tortues extirpés de leur origine exotique et confisqués à l'aéroport, où les met-on ? Dans nos aéroports parisiens, il n'existe même pas d'endroits où l'on peut mettre les animaux saisis par les douanes. Ils sont laissés dans leur cage, dans un hangar où ils crèvent.

La vie des animaux n'a aucune valeur aujourd'hui. Seule leur mort en a une, car on en tire profit. Les raisons de cette dégradation sont claires : l'industrialisation forcenée, la mondialisation et l'argent. Les hommes sont lancés dans une course folle au profit. Ce profit est la religion moderne. Une idéologie aveugle et sourde aux cris et à la souffrance de ceux qui restent au bord de la route. L'augmentation des échanges commerciaux entre pays a multiplié de manière horrifiante les convois d'animaux vivants.

Le profit mène le monde et malmène les animaux.

Aucun être n'est la propriété d'un autre. Mais pour vivre en bonne entente, en « colocataire » sur Terre, il faut se laisser aller à compatir, à ressentir, à respecter, à s'agenouiller parfois face à la nature. Ce serait un aveu de faiblesse pour l'homme, et ce serait sans doute trop dur pour lui, d'accepter sa nature, sa condition et aussi sa propre fin.

Si on n'utilise plus les animaux, qu'en fait-on ? que devient-on ?

La grande question... Combien de fois m'a-t-elle été posée ? Je suis végétarienne, pas encore végan, je ne mange pas de viande mais je me nourris toujours de lait et d'œufs. Ce qui ne m'empêche pas de laisser vivre mes animaux, comme ils le souhaitent. Ce que je n'aime pas, c'est le contre-nature, des mères à qui l'on confisque les petits, des naissances à n'en plus finir. La reproduction est une responsabilité.

Alors, que fera-t-on des animaux si on ne les tue plus ? Eh bien, on les laissera vivre, comme on nous laisse vivre, nous ! On ne fera plus d'élevage intensif, on se recentrera sur l'essentiel, peut-être même que chacun aura sa vache. Il n'y en aura plus des centaines de milliers, la vache deviendra un animal rare mais précieux. Moi-même, j'ai eu une vache qui m'a donné beaucoup de plaisir. Une crèche vivante avait été installée dans un centre commercial près de Saint-Tropez, il y avait un âne et une génisse qui veillaient sur le petit Jésus. La vachette devait ensuite partir à l'abattoir : quand j'ai su cela, j'ai pris ma Range Rover, j'ai mis de la paille dedans, je suis partie au Géant Casino et j'ai ramené ma vache à la maison ! Je l'ai appelée Noëlle. Celle-ci avait le droit de tout faire, elle aimait particulièrement rentrer dans le salon. Noëlle est devenue tellement grande qu'un jour elle défonça les clôtures pour aller se promener sur la plage sauvage de La Garrigue... Je l'ai ensuite confiée à ma Fondation, à l'équipe de la Mare Auzou où elle a pu jouir d'un plus grand espace, elle a même eu un petit bébé.

Je ne suis pas une nostalgique de la France rurale, ni de l'avis de ceux qui voient dans les anciennes fermes des conditions de vie optimums pour les animaux. Car ma petite expérience dans une ferme ne m'a pas laissé un souvenir impérissable. J'ai plutôt eu l'impression qu'on y faisait ce qu'on voulait. Lors du tournage du *Portrait de son père*[1], au beau milieu d'une exploitation, les fermiers donnaient des coups de bâton dans un cochon, les oies se faisaient malmener, les chiens étaient attachés avec une chaîne à une niche ou un vieux tonneau... Or, ces conditions-là étaient tout de même préférables à notre enfer contemporain. Aujourd'hui, les vies ne sont plus rythmées par les saisons, les animaux donnent leurs œufs, leur lait, leur chair, à la chaîne. Leur existence n'est plus respectée pour la survie qu'elle apporte. Autrefois dans les fermes, l'abattage annuel du cochon était ritualisé, c'était un arrêt dans le temps. On savait ce que l'animal nous offrait. J'ai vécu une époque où l'élevage intensif n'existait pas, où quelques vaches paissaient dans les champs, elles étaient connues de leur fermier, elles portaient même des noms. Ce n'était pas des numéros ni de la viande sur pattes. Tout était encore à échelle humaine, on vivait, on grandissait, on mourait avec les animaux.

On sous-estime le bienfait du contact avec les animaux. Dans les écoles, on devrait apprendre aux plus jeunes le respect des animaux bien sûr, mais surtout la richesse d'une relation de dépendance avec eux. Pourquoi ne pas enseigner la zoothérapie, cette médiation entre l'homme et l'animal ? Ce dernier, un chien le plus souvent, soutient des personnes vivant avec des troubles sociaux, psychologiques ou mentaux. Plusieurs expériences ont montré le secours que peut porter un animal à une personne souffrant de la maladie d'Alzheimer, par exemple. La zoothérapie met en contact l'animal et les êtres privés de certaines capacités physiologiques mais, dans le même temps, privés des perversités qui effraient les

---

1. *Le Portrait de son père* est un film réalisé par André Berthomieu, sorti en 1953.

animaux. Ces derniers se sentent libres, c'est pour cela qu'ils décuplent leurs facultés. Le contact entre l'homme et l'animal se fait d'égal à égal. D'animal à animal. Je considère que mon quotidien est une zoothérapie constante. En tant qu'animale dotée de sensibilité et d'amour, le contact d'un chien m'est vital. La caresse, le toucher, l'odeur même de l'animal me font sortir de moi-même et m'élèvent humainement.

Un animal s'apprivoise par la confiance

Naturellement, les animaux ont peur des hommes. C'est notre comportement intéressé qui les effraie. Aussi un animal ne s'apprivoise pas, car l'idée d'apprivoiser c'est déjà dominer, c'est faire venir à soi et pour soi. L'égalité entre les êtres est porteuse. Quand je recueille un animal avec un certain traumatisme, par exemple, je ne peux pas me présenter à lui avec ma dominance humaine. Quand un animal a vécu un choc, il redevient peu à peu sauvage. Le lien que je lie avec eux ne doit pas être fondé sur l'apprivoisement mais la confiance.

Une de mes chiennes, Barbichue, vit avec moi depuis cinq ans. Elle a été sauvée d'un mouroir. Son mal-être est tel qu'elle semble irrécupérable : je la laisse donc faire exactement ce qu'elle désire. Je ne lui impose rien. Elle ne vient jamais vers moi et je ne vais pas vers elle non plus. C'est un accord tacite entre nous. Elle prend conscience, seule, de ma présence et je pense qu'elle apprendra peu à peu qu'elle ne risque rien à mon contact. Je la laisse se rétablir de son traumatisme à sa manière à elle. Je n'essaie pas d'intervenir, car les derniers contacts qu'elle a eus avec un être humain l'ont laissée meurtrie et heurtée. On l'a retrouvée dans l'obscurité, mourante, entourée de cadavres. On sait qu'elle a subi d'innombrables tortures et qu'elle en garde de profondes séquelles. Elle est toujours méfiante, inconstante, y compris avec les autres chiens, mais il lui arrive de plus de plus de venir vers moi. On me l'a confiée en estimant qu'il y avait une chance de regagner sa confiance. Or, je ne conquiers pas la confiance d'un animal, il me la donne, ou non. Il sent que je l'aime d'instinct et cela passe par des mots doux ou des regards uniquement. C'est une manière d'être. Une offrande.

L'opportunité de leur offrir une seconde chance

J'entretiens un amour inconditionnel pour tous les animaux. Je ne fais pas de hiérarchie entre mes compagnons. Chacun occupe une place bien particulière dans mon cœur. J'aime mes deux petites brebis, Frisette et Bigoudi, mes cochons, Cochonnet et Jambonneau, dont l'allure m'amuse beaucoup, mais aussi mes chèvres, ma jument, mon petit âne... Au fur et à mesure des années, ma maison de Saint-Tropez est devenue un refuge pour les animaux malmenés par la vie. Ma Fondation, qui protège et sauve des êtres au quotidien, ne peut se pencher sur chaque cas tragique. Et pour les histoires les plus compliquées, mon équipe fait appel à moi, parce que je dispose d'assez de ressources : du temps, de la patience, de l'amour, de la compassion. Les bêtes qui me sont confiées ont toujours des histoires particulières. J'accueille des malades, des cassés, des vieux, des peureux, des traumatisés... Parce que personne n'en veut, parce qu'ils sont condamnés à une fin de vie misérable. Bonhomme, mon âne, a été brutalisé, roué de coups durant les premières années de son existence, et il continue de se méfier de l'être humain. À tel point qu'il m'est encore parfois difficile de l'approcher. Cela fait dix ans que nous nous connaissons.

Tous les animaux qui viennent partager ma vie ont fait un bout de chemin avant. Je suis toujours bouleversée de savoir que les bêtes que j'accueille ont subi des mauvais traitements, voire des tortures. Comme si j'avais moi-même vécu ces horreurs. Je ne saurais l'expliquer mais je ressens ce qu'ils ont vécu, le mal qu'ils ont enduré. À l'image de ce que l'on peut observer chez l'être humain, le traumatisme animal existe et est fortement palpable. La souffrance est toujours là, je peux la lire dans leurs yeux. Ces animaux, je leur offre une compagnie, un regard nouveau. Et j'essaie le plus possible de leur faire oublier leur vie passée. J'espère qu'ils oublient, qu'à un moment donné, ils finissent par oublier... Je ne sais si je parviens à les apaiser comme il le faut. On n'y arrive pas toujours. Une fois, des gens d'Annecy m'avaient confié une petite chatte. Elle vivait constamment sur le balcon de leur appartement et avait toujours une envie irrépressible de partir. Et le vide l'a attirée : elle a chuté trois étages plus bas. Ses os se sont brisés. Une fois réparée, j'adoptai ce petit être fragile. Je lui offrai tout le confort nécessaire à sa reconstruction, laissant la porte ouverte pour pallier son besoin de liberté, la câlinant, la rassurant... En vain. Elle resta quatre jours coincée dans un coin, sans manger, sans bouger, recroquevillée et totalement fermée aux consolations physiques. Et un jour, je ne l'ai plus revue. Je ne sais ce qu'elle est devenue. Cela m'a vraiment peinée, mon incapacité à réparer la souffrance qu'elle devait revivre sans fin.

J'ai toujours fait passer l'amour avant tout. Surtout, je ne supporte pas d'être informée d'un malheur, auquel je peux apporter un mieux-être, et ne pas le faire. Prendre en charge la peine d'une personne, lui donner de l'amour, c'est aussi me donner de l'énergie, cela me fait vivre. J'ai le sentiment que le monde est dur et injuste par essence, alors la compassion est essentielle. Tous les êtres humains devraient en être pourvus. Je ne suis pas extraordinaire, je suis juste dégoûtée face à l'indifférence et au mépris qu'affichent certaines personnes devant des situations dramatiques.

Les animaux sont ma famille

Ma famille humaine existe mais elle est lointaine. Aussi ma famille proche reste mes animaux. Dans *Initiales B.B.*, j'ai raconté cette anecdote : enfant, je chahutais avec ma sœur, nous riions aux éclats avec Mijanou, jusqu'à ce qu'une potiche chinoise tombe et s'écrase en morceaux. Le courroux de ma mère fut sans retour : elle nous demanda de la vouvoyer. Je me souviens encore de ses paroles : « À partir de maintenant, vous n'êtes plus nos filles, vous êtes des étrangères donc vous dites "vous". » J'avais sept ans et d'un coup d'un seul, je ne me suis plus sentie chez moi dans ma propre maison. J'étais chez eux, chez mes parents. Après mon mariage avec Vadim et mes premiers cachets, je me suis offert un appartement à Paris, La Madrague et Bazoches. Je voulais me sentir chez moi et ne plus jamais ressentir l'exclusion au sein même d'un lieu. Matériellement, j'ai pu pallier cette souffrance, mais c'est bien l'exclusion morale qui a été la plus dure à porter. Si une enfant ne se sent pas chez elle chez ses parents, elle ne se sent bien nulle part. Elle est dans l'inconfort, l'instabilité et l'insécurité permanente. Je me sentais étrangère dans ma famille de base à cause de ce vouvoiement, car je ne pouvais pas être qui j'étais profondément.

Enfant, face à mes parents, je ressentais souvent beaucoup d'abandon, de solitude, de désespoir, voire d'envie de mourir parfois. Ce sont des termes qui reviendront dans mon existence. Quand j'étais amoureuse, j'étais toujours en quête d'un lien fort, une puissance, une bouée de sauvetage pour me raccrocher et qui ne me quitterait jamais. Or, c'est impossible de trouver cela avec un être humain. J'ai eu beaucoup de déceptions côté sentimental, avec des hommes qui m'ont quittée, j'ai beaucoup souffert aussi. Moi qui n'aime pas être dépendante des autres, je suis dépendante de l'amour, de l'attention, je ne suis pas du tout une femme libérée dans ce sens. Quand on me quittait, c'est comme si on abandonnait un chien, j'étais perdue. Perdue dans ma soif d'absolu. Et seuls les animaux ont comblé ce vide immense. Car aucun animal ne m'a jamais abandonnée, sauf pour mourir.

L'épreuve du deuil animal

S'il est une souffrance méconnue, c'est bien la perte d'un animal. Un compagnon de vie occupe une telle place que sa disparition crée un vide terrible. Pourquoi ce manque atroce ? Parce que l'animal prodigue un amour inconditionnel, il donne tout : sa vie, son amour, sa confiance. On ne peut se remettre d'une telle richesse, d'un tel don. Parce qu'un animal est un être avec lequel il n'existe aucun conflit. On peut se disputer avec sa famille, on peut prendre de la distance avec son mari, ses parents ou ses amis. Pas avec l'animal. Avec lui, c'est une relation franche, nette et continue. Je suis toujours frappée quand j'apprends qu'une personne est décédée juste après son animal. La coïncidence de ces disparitions veut tout dire. En Écosse, on m'avait parlé d'un chien qui avait perdu son maître. Il avait suivi l'enterrement, et quand le cercueil fut mis en terre, l'animal s'est assis sur le caveau et n'a plus bougé. À plusieurs reprises, les autorités ont essayé de le déloger, de fermer les grilles du cimetière, mais rien n'y a fait, il se débrouillait pour revenir sur la tombe de son maître. Alors, les gens du patelin sont venus le nourrir et il n'a plus jamais bougé, jusqu'à sa propre mort. Le village a enterré le chien aux portes du cimetière, dans la même terre que son maître.

Récemment, j'ai reçu une lettre d'une dame qui avait perdu sa petite chienne, à la suite d'une opération chirurgicale. Elle ne s'était jamais réveillée. Sa lettre était bouleversante et je l'ai appelée. À l'autre bout du fil, j'ai trouvé une femme accablée, dans une détresse totale. Eh oui... Je crois que le pire dans le deuil animal est que ce chagrin est incompris, et pis, parfois, tourné en dérision. Sachant que les animaux sont la plupart du temps des faire-valoir dans notre société, les prendre en affection et pleurer leur mort est rejeté. Bien souvent, les autres ne comprennent pas notre tristesse. On nous dit : « Tu ne vas pas faire une pendule à cause d'un chien », « Ce n'est qu'un animal, il n'y a pas mort d'homme »... Toutes ces phrases idiotes, du point de vue de celui qui souffre, ne sont que des couteaux dans une plaie qui, hélas, ne se referme jamais.

La plus grande épreuve que j'ai eu à traverser dans ma vie fut la mort de mes setters. Dieu, que j'ai pleuré... La disparition de Nini, la première d'une longue lignée, m'a tellement rendue malheureuse que je suis allée voir un prêtre pour me sortir de cette douleur épouvantable. Il n'a rien fait du tout. Et le fait d'en parler ne m'a pas soulagée car il ne me comprenait pas. Souvent, on m'a dit : « Ne t'inquiète pas, tu en as d'autres... » Hélas, un animal ne se remplace pas. Il est. Et Il n'est plus. C'est un amour qui s'ajoute aux autres, encore et toujours. Les sentiments se renouvellent à chaque adoption. Quand l'un de mes amours meurt, la seule chose qui peut me soulager reste effectivement l'affection de ses semblables, car ils ont besoin de moi, comme le disparu avant eux. Je ne peux pas les priver de câlins, de tendresse et d'attention, parce qu'il y en a un qui est mort. Donc, cela m'oblige à reporter la détresse de la perte de cet animal sur l'affection que j'ai pour les autres. Cela peut atténuer la douleur. Un peu. Si aujourd'hui, je peux avoir encore un poids sur le cœur en pensant à ma petite Nini, c'est que nous avions un lien particulier. Un fil d'or avait été tissé entre nous. Nini était ma chienne qui, alors qu'elle se trouvait à Bazoches, s'était ruée au fond du jardin pour hurler à la mort au moment même où ma mère mourait. J'étais à Paris, je tenais la main de Toty, ma mère. Et lorsque, le lendemain matin, j'ai appelé la gardienne de Bazoches pour lui apprendre sa disparition, celle-ci me dit qu'elle était déjà au courant, à cause du comportement de ma chienne. Nini était extrêmement proche de moi, spirituellement. Nous étions dans une communion d'esprit et d'âme. Nous portions le même regard sur les choses, comme si nous étions connectées.

Je ne me suis jamais sentie inconvenante en pleurant la mort d'un animal, au contraire, j'ai toujours pensé que je portais en moi quelque chose de différent par rapport aux autres. Je n'ai jamais eu honte de porter le deuil d'un chien. Du reste, je suis en chagrin perpétuel. Vêtue constamment de noir, je porte le deuil à perpétuité de tous mes animaux et des animaux qui subissent la cruauté des hommes à travers le monde. Des animaux qui meurent, qui souffrent et qui disparaissent par la faute des hommes. Je porte le deuil des animaux en général. Le noir n'est pas une couleur. C'est une absence de couleur.

Je comprends que la perte d'un animal de compagnie peut être ressentie comme supérieure à celle d'êtres humains. Moi-même, et cela ne vous étonnera pas, je mets tout sur le même plan. La mort reste la mort, le manque reste le manque. Il n'y a pas de degrés de douleur pour les uns et pour les autres. Quand on aime un individu quel qu'il soit, la douleur ne se pèse pas, ne se compare pas. Elle est là, comme un bloc qui vient alourdir le corps. Il me paraît normal que des gens qui n'ont jamais connu de relation fusionnelle avec un animal ne puissent pas comprendre, même de loin, la part de destruction que sa perte suppose. Et le fait de ne pas être comprise et accompagnée par la société plombe encore plus la personne endeuillée, c'est une certitude.

Qui peut juger cela ? Aimer un chien et être aimée par un chien est l'une des plus belles choses que j'aie pu connaître dans ma vie. Avec qui ai-je autant partagé, sans être encombrée par des paroles, des formulations, des éducations, des arrière-pensées ? Avec qui ai-je autant partagé de silences qu'avec mes chiens ? C'est une relation qui ne se quantifie pas, c'est une histoire de caresses et de regards, de respirations aussi. C'est un monde entre nous qui se construit au fil des années. Personne ne peut comprendre le lien d'amour avec un chien car c'est un amour qui n'a pas besoin de mots, qui n'a pas besoin de preuves, de cérémonies, de rendez-vous pour exister. C'est un amour qui prend en compte l'importance de l'autre. Mon affection pour mes chiens est dirigée vers des êtres dont je découvre chaque jour un peu plus la profondeur. Oui, je ne sais pas encore tout de l'animalité. Chaque jour, j'en apprends un peu plus. Et chaque jour, je suis toujours plus affligée de connaître les crimes que l'on peut commettre sur des animaux, alors que, dans le même temps, les miens me comblent autant. Ce qui fait que l'animal m'est essentiel, ce n'est pas sa présence, c'est la grâce qu'il porte en lui et que j'admire.

L'importance du rituel

Quand vous perdez un animal, le rituel qui suit, l'enterrement, est très important. Les funérailles de mes animaux sont à l'image de celles que l'on peut offrir aux humains : on se réunit, les gens qui le connaissaient viennent lui rendre hommage, on fait un trou dans la terre et je fais une prière. Ensuite, chacun jette une poignée de terre pour en recouvrir le petit cercueil. Ces petites caisses de bois sont fabriquées par mon gardien ou par un menuisier de Saint-Tropez. Et chaque jour, j'observe un temps d'arrêt devant mon petit cimetière animal et je pense à tous mes amis. C'est un lieu très solennel, à flanc de coteau. Parmi les petites croix blanches, il y en a même une qui appartient à une jeune fille. Je n'ai jamais connu Bélinda, c'était une petite adorable, atteinte d'une grave maladie. Nous avons entretenu une longue correspondance car elle adorait les animaux. Ils étaient son soutien et elle aimait échanger à ce sujet. Et lorsqu'elle s'est éteinte en 2004, elle avait formulé une dernière volonté à ses parents : elle souhaitait qu'une partie de ses cendres soit dispersée près de mes animaux, à La Madrague. J'ai évidemment accepté. Ses parents sont venus, l'émotion partagée était grande, nous avons organisé une cérémonie religieuse avec le prêtre de Saint-Tropez et les cendres de Bélinda ont été déposées près de mes chiens. Cette petite jeune fille est au milieu d'eux, comme elle l'avait demandé. Ses parents m'ont confié ensuite que notre relation épistolaire, durant sa maladie, avait été un soutien de poids pour Bélinda et elle considérait que ce que je faisais pour les animaux était miraculeux. Elle voulait faire partie de ce miracle, à sa manière. Je l'y ai associée. Elle avait vingt ans.

Les lieux de repos sont fondamentaux pour moi. J'entretiens un immense respect pour les morts et leurs dernières demeures. Ainsi, je crois qu'on n'a pas le droit de ne pas accomplir les souhaits ultimes de quelqu'un. Raoul Lévy, le producteur de *Et Dieu... créa la femme*, mort en 1966, avait demandé à être enterré à Saint-Tropez et, pendant des années, j'ai pensé que quelqu'un s'occupait de sa tombe. Il n'en était rien. Cette tombe était abandonnée de tous. Cela m'a frappée. Aussi, je m'occupe de beaucoup de sépultures d'anonymes et de gens que j'ai aimés. Même par-delà la mort, je ne les oublie pas, je tiens à leur témoigner ma tendresse. Je m'occupe de la tombe de Vadim à Saint-Tropez, je lui apporte des fleurs pour plusieurs occasions comme son anniversaire ou la fête des morts. J'entretiens également la tombe de ma nounou italienne Dada, à Bazoches. Et dans la propriété, justement, nous avons, un jour, découvert qu'un jeune homme de dix-neuf ans y avait été mis en terre, bien avant mon arrivée. Ce garçon vivait seul avec sa mère, il était mort dans un accident d'avion. Sa mère, morte de chagrin, s'était fait enterrer près de son fils. Ils appartenaient à une famille du nom de Yack. J'ai fait remettre une pierre tombale honorable pour ces deux personnes qui s'aimaient si fort. Et depuis, j'accompagne cette sépulture, car il n'y a plus personne au monde pour le faire.

L'oubli après la mort est pire que la mort elle-même. Je préférerais mourir que d'oublier mes animaux enterrés à Bazoches, à La Madrague, à La Garrigue, mes amis, mes amours qui dorment pour toujours à Saint-Tropez et dans tous les coins de France. J'entretiens tous mes cimetières. C'est un devoir vis-à-vis de ceux qui sont partis et qui n'ont plus la possibilité de prendre soin d'eux-mêmes. Naturellement, j'ai déjà donné des instructions pour que les tombes dont je m'occupe continuent d'être entretenues, après ma propre disparition.

Pouf !

J'ai peur de la mort. Elle me terrifie. La disparition de mes parents, de mes proches, de mes animaux me fait dire que la mort rôde autour de moi depuis toujours et je lutte contre. J'ai toujours fait tout ce que je pouvais pour empêcher Papa, Maman, mes animaux de mourir. J'aurais fait n'importe quoi. Mais j'ai toujours perdu. On ne peut pas lutter. Il y a un moment dans la vie où les années s'égrènent et vos êtres chers partent, les uns après les autres. La plupart des hommes que j'ai aimés sont partis aussi.

Quand j'apprends la mort de celles et ceux qui étaient mes amis, mes compagnons de route, je ne pleure pas, mon émotion est rentrée mais intense. La disparition de Jeanne Moreau fut comme un choc. Je ne m'y attendais pas. À partir du moment où le tournage de *Viva Maria* a été terminé, nous avons repris nos routes séparées. Nous étions le contraire l'une de l'autre. Elle avait ce que je n'avais pas et vice versa. Mais le secret de ce métier de cinéma est qu'il fait nouer des relations particulières entre les êtres. J'ai passé trois mois avec Jeanne, à l'autre bout du monde, nous n'étions pas amies mais un lien étonnant s'est forgé entre nous, à force de travailler dans des conditions pénibles et parfois hostiles. Et puis Jeanne était une « Personne » avec une majuscule, elle représentait quelque chose, une femme nouvelle qui avait des amants, une liberté. Elle a mis en valeur un mode de vie et une façon de s'exprimer novatrice. Elle vivait comme elle pensait. Ce genre de personnalité est porteuse pour une société et pour celles et ceux qui la côtoient.

Lorsque Mireille Darc nous a quittés, cette femme si fragile, si généreuse, j'étais très émue. Je pensais à sa vie, à ses combats, à l'amour qu'elle a diffusé autour d'elle. À la suite de sa disparition, nous avons échangé avec Alain Delon qui était très atteint. Depuis quelques années, nous voyons partir tous ceux qui peuplaient nos vies, et nous, nous sommes encore là. Alain m'a fait sourire, il m'a dit que nous étions les deux derniers monuments historiques du XXe siècle, les derniers représentants cinématographiques d'une époque révolue, la nôtre.

Alors, ceux qui restent et qui ne sont pas nombreux se regroupent, comme des animaux qui sentent la fin arriver à grands pas, comme des fauves qui se sentent menacés. Nous nous appelons avec Alain. J'ai revu Jean-Paul Belmondo avec plaisir quand il est passé à Saint-Tropez, accompagné de la chienne qu'il avait adoptée à ma Fondation. Je garde aussi une amitié riche avec Mylène Demongeot, elle porte une telle attention aux animaux... Étonnamment, il est rare que je voie Robert Hossein, mon vieux copain de toujours, il est pourtant l'une des personnes les plus charmantes que je connaisse. Comme Alain, il est sensible à la cause animale et m'a soutenue à un moment donné, ce sont des gestes qui touchent et qui rapprochent. Quand je pense à Alain, je pense évidemment à l'animal sauvage qu'il est, l'animal solitaire. Je ne peux m'empêcher de nous trouver des similitudes et aujourd'hui plus qu'avant encore. Je ne sais pas pourquoi nous ne sommes jamais tombés amoureux l'un de l'autre, heureusement d'ailleurs, car cela aurait été catastrophique ! Il était trop star et moi ce n'était pas ce genre d'homme que je voulais près de moi. Je cherchais l'affection, la gentillesse, la tendresse. Et puis nous nous ressemblons trop. Alain est en homme ce que je suis en femme. Cela nous donne un point commun pas commun. Nous partageons l'exceptionnel et l'exception. Si Alain a la mauvaise idée de partir avant moi, je lui en voudrais. Car sa perte serait une blessure inconsolable.

L'idée de la mort me tétanise. Car je ne suis pas sûre qu'on retrouve, ailleurs, les gens que l'on a connus. Ce que j'aimerais, c'est que l'on disparaisse d'un seul coup. Comme dans un film, « Pouf ! », on se dissoudrait. Une série américaine montrait cela : un homme tombait sur un trottoir, il y avait une flaque d'eau... et voilà. On meurt et il n'y a plus rien. C'est l'après-mort qui est affreux. Ce que le corps devient. C'est sale. La crémation n'est pas une solution car j'ai peur de brûler et j'ai peur du feu. Je me sens très loin de l'idée que je retournerai à la terre. Je ne sais si la vie après la mort existe. Je ne sais pas et je n'en ai pas forcément l'espérance. Quel bordel peut encore nous attendre de l'autre côté ? Autant que l'on dorme. Pour toujours. Autant que cela soit un repos. Peut-être qu'enfin je me reposerai. Je ne veux pas vivre jusqu'à cent ans et je ne préfère pas connaître la date de mon départ. Mais je souhaite que cela se fasse rapidement et sans souffrance. Il n'y a rien de pire que de voir souffrir ceux que l'on aime.

Mes combats intimes

Je respecte la vie de manière inconditionnelle. La vie animale, la vie végétale, la vie minérale. Il n'y a rien de plus beau que la vie, c'est la seule chose que l'homme ne peut créer. Je ne parle pas des enfants qui viennent au monde, je parle de la vie en général. Celle, indépendante de nous, dont on a hérité, dont on est garant et locataire. Quand je songe au mystère de la vie, je peux me noyer dans des questionnements. Quand quelque chose est mort, la vie ne peut être insufflée par l'homme. C'est fini. L'homme peut donner la mort, mais il ne peut redonner la vie. Il y a quelque chose de sacré, de mystérieux pour moi dans la vie. À maintes reprises, j'ai vu cette chose étrange : un corps est vivant, il bouge, il court, il respire, puis, du jour au lendemain, il n'est plus rien. Il n'est plus que dépouille, une peau, un amas de chair, une carcasse. Ce petit quelque chose qu'il y avait à l'intérieur n'est plus. Et quelle est cette chose ? On appelle cela la vie, d'autres en donnent une signification plus spirituelle avec le mot « âme ».

Le mot « animal » est hérité du latin *anima*, qui veut dire souffle, esprit, âme. « Animal » possède donc une racine latine portant en elle une dimension spirituelle. Cela me frappe. D'autant plus que, durant des siècles, on a considéré que l'animal n'avait pas d'âme, un vieil héritage d'une conception chrétienne selon laquelle offrir une âme aux animaux ferait de l'ombre à celle des hommes...

Les animaux ont une âme. Et cette certitude est le fruit de mon expérience. Une âme est cette part de mystère que l'on porte et qui nous fait réagir à ce qui est bon et à ce qui est mauvais, à ce qui doit nous élever, ou non, à ce qui doit nous enrichir ou nous assombrir. L'âme dépasse le corps. Être ouvert à l'âme, c'est avoir le souci de l'entretenir pour ne pas demeurer un simple « Terrien » dans le sens péjoratif du mot. Je ne pense pas développer une conception religieuse de ce mot. Mais une conception mystérieuse. Je respecte le secret de la vie. Il me fascine et je ne veux prendre la responsabilité de la retirer à qui que ce soit.

Tuer un animal, prendre la responsabilité de lui retirer son souffle, signifie donc que sa vie ne vaut pas d'être vécue. Dans le monde d'aujourd'hui, la vie animale n'a pas d'importance et ne correspond à rien. Notre conception de la vie est centrée sur l'être humain. Nos intérêts et nos pensées placent l'homme au sommet de la création. Les autres espèces sont soumises à ce droit de mort que s'est octroyé l'être humain. C'est à se demander si l'espèce humaine évolue vraiment.

Paule Drouault, journaliste militante pour la protection animale aujourd'hui décédée, disait qu'on ne demande pas d'aimer les animaux mais de leur foutre la paix : je suis tout à fait de cet avis. Le respect de La vie, de Sa vie, est ce que l'on doit à tout être vivant. Pour profiter des possibilités de sa biologie, l'animal doit pouvoir jouir de sa santé, de l'espace qui lui convient, des besoins de son espèce, de sa nature solitaire ou sociale. Lorsque est intervenue la naissance d'un petit panda au sein du zoo de Beauval, cette nouvelle a été accueillie avec des réjouissances. Quelle hypocrisie... Cet animal naît enfermé et il le restera toute sa vie. Les propriétaires de parcs lucratifs nous diront que l'important réside dans la survie de l'espèce panda à laquelle ils participent. Bien sûr, le bébé panda est en bonne santé, mais il est enfermé. Une existence de prisonnier lui est offerte. À perpétuité. On le place en couveuse, on le nourrit au biberon, on lui donne son repas à heures régulières, puis on le laisse dormir sous un arbuste en plastique, pas trop imposant, pour qu'il soit visible aux heures d'ouverture du zoo. Les animaux sauvages ne sont pas des femmes que l'on accouche en clinique, ce ne sont pas des objets de divertissement. En gérant la naissance, la vie et la mort des bêtes quand cela conforte nos intérêts, on finit par en faire des petits robots.

Et si la naissance dans un zoo est une telle curiosité, c'est bien parce que l'événement est rare. Les animaux encagés peinent à se reproduire dans les parcs animaliers, aquatiques et autres : leur état mental ne leur permet pas de jouir de cet instinct de reproduction. Qui aurait envie de donner naissance à des petits dans ces conditions ? Qui aurait envie de faire un bébé pour le laisser enfermer dans sa chambre toute sa vie ? Je fais ce que l'on appelle de l'anthropomorphisme[1] ? Non. Je respecte la Vie et toute vie qui n'est pas la mienne.

Aussi, pour faire changer les choses, pour respecter la vie animale et en faire avancer la cause, il faudrait déjà regarder QUI nous sommes, la part

---

1. L'anthropomorphisme est le fait d'attribuer des caractéristiques du comportement ou de la morphologie humaine à d'autres entités comme des animaux.

humaine et surtout animale que l'on a. Il faudrait être capables de honte et de pitié. Mais ces références-là ne semblent plus exister. La honte dans les arènes des corridas n'existe pas. La honte dans les travées d'un abattoir n'existe pas ou plus. Nous sommes cruels avec les animaux, par esprit de domination, d'indifférence, de lâcheté, d'ignorance ou de sadisme, et aussi de profit.

Ce que l'on fait des animaux révèle l'Humanité que nous sommes. Notre espèce, dont l'ensemble des facultés mentales et techniques dépasse celles des autres, devrait en contrepartie faire preuve de respect, de responsabilité et de générosité.

Contre une humanité irrespectueuse : l'hippophagie

Manger du cheval : voilà une des preuves pour moi de l'irrespect des hommes face aux animaux. Le cheval et l'homme entretiennent l'une des plus nobles relations de l'Histoire et aujourd'hui le cheval finit dans nos assiettes. Ils sont beaux, puissants, ils font corps avec l'homme et ils sont mangés en lasagnes. Cette contradiction me répugne.

Je compare souvent le cheval et le chien. Je ne peux pas m'indigner face à la Chine qui consomme du chien et ne pas me révolter quand la France fait de même avec les chevaux. Manger les animaux est déjà une horreur, mais avec les chevaux, je crois que l'on touche l'exécrable. Cet animal a tant accompagné l'homme dans l'Histoire : il a été son moteur, son transport, son outil agricole, son arme de combat, il a donné sa vie avec lui lors d'innombrables guerres... Il est aujourd'hui admiré et monté, rapportant au passage beaucoup d'argent lors des courses hippiques... Ce serait pour moi un signe de gratitude et, en fin de compte, la moindre des choses, de ne plus le manger.

La sensibilité accrue que j'entretiens à l'égard des chevaux date du début de mon combat. Comme je l'ai évoqué dans le premier chapitre de ce livre, à l'époque, je fis la connaissance d'un ancien colonel, Roger Macchia, qui avait ouvert un centre d'hébergement pour chevaux, le CHEM. Il me fit part de son expérience, de la vision d'horreur qu'il avait eue en participant à des transports de chevaux entre la Pologne et la France et entre les États-Unis et la France. Les bêtes étaient parquées dans d'immenses convois à bestiaux. Roger Macchia avait été le témoin de l'infâme : des souffrances, des agonies, des morts terrifiantes d'animaux transbahutés dans des conditions épouvantables.

Naïvement, je ne savais pas que le cheval se mangeait. Il est vrai que j'avais déjà pu voir des têtes de chevaux sur les enseignes des boucheries chevalines, mais je pensais que c'était pour faire joli. Mes parents ne m'avaient jamais donné du cheval à manger. Par la suite, j'appris que cette habitude avait été prise à une époque de famine bien précise. Durant la guerre de 1870, quand Paris était assiégé, les gens s'étaient rués sur tout ce qui passait pour se nourrir : les rats, les chiens, les animaux des zoos et, donc, les chevaux.

Après ma rencontre avec Roger Macchia, j'ai voulu voir de mes yeux. Ce que j'ai découvert en ce jour de l'an 2000 hante encore mes nuits. Ces scènes font partie des plus affreuses qu'il m'a été donné de voir. À Gorizia, frontière entre l'Italie et la Slovénie, j'ai croisé le regard de multiples chevaux condamnés à la peine capitale. Ils transitaient, en provenance des pays de l'Est, notamment de la région de Tchernobyl, pour entrer dans la Communauté européenne. Ils avaient même été examinés avec un compteur Geiger... Durant de longs jours de voyage, les chevaux avaient été entassés les uns contre les autres, sans boire, ni manger, secoués, piétinés. Une jument avait même accouché dans l'un des convois, le petit poulain avait été écrasé par les autres bêtes et baignait dans ses excréments, les yeux crevés, tandis que sa mère se vidait de tout son sang. Et à l'arrivée, les portes des trains, camions et cargos allaient s'ouvrir sur des chairs mutilées qu'il fallait gruter et traîner jusqu'au centre d'abattage. Les chevaux qui étaient toujours debout, ceux qui avaient encore conscience de leur sort tentaient d'y échapper. Ces êtres hypersensibles aux moindres gestes brusques étaient dans un état d'affolement extrême, ils sentaient la mort, ils tentaient d'y échapper. Cette angoisse dans leurs yeux n'était rien d'autre que le désespoir animal le plus ultime.

Depuis toujours, j'exige du gouvernement français qu'il fasse abolir l'hippophagie. Quatre pays européens se repaissent encore de viande de cheval : la Belgique, la Hollande, l'Italie et bien sûr la France. Quatre pays qui pourraient se passer d'une telle consommation.

Je veux voir l'abolition de l'hippophagie avant ma mort.

Contre une humanité irresponsable :
l'abandon des chiens et des chats

Ce n'est pas grave si un chien est abandonné. Il est recueilli par un refuge et sera de nouveau adopté par d'autres personnes très gentilles.

Eh bien, NON !

Ça, c'est un conte que l'on raconte le soir aux enfants pour qu'ils s'endorment apaisés, alors que, la veille, Papa et Maman ont laissé leur chien sur le bord d'une route. Cela ne se passe pas comme cela. Jamais. Je souhaite vous dire ici ce que deviennent les chiens et les chats abandonnés par leur maître. Je souhaite vous dire pourquoi l'abandon d'un animal de compagnie est une honte morale et une lâcheté méprisable.

Les refuges de France regorgent d'animaux abandonnés. Ceux qu'on a balancés de la voiture et qui ont couru à perdre haleine pour la rattraper, pensant à un jeu, ceux qu'on accroche la nuit à un poteau ou à un arbre en pleine forêt et qui sont condamnés à une mort lente. Ou encore ceux qui, bénéficiant d'un maître moins dégonflé que les autres, ont été livrés à un refuge et abandonnés officiellement, *via* un certificat dédié. Or, dans tous les cas, ils sont entassés, dans tous les cas, ils sont collés les uns aux autres, dans tous les cas, ils aboient à longueur de journée dans l'espoir de se faire entendre par leur maître. Dans tous les cas, le chien l'attendra, il le reconnaîtra et lui sera fidèle si, d'aventure, ce dernier avait des remords.

Hélas, cela n'arrive jamais. Alors on finit par les euthanasier.

Il est donc urgent de mettre un terme à la reproduction massive des chiens et chats en France, en stérilisant les animaux, en interdisant les ventes par petites annonces, en privilégiant les adoptions dans les refuges, en boycottant les achats en animalerie et élevages, en stoppant les trafics de chiots en provenance des pays de l'Est. Le député Lionnel Luca, alors administrateur de ma Fondation, avait déposé une proposition de loi en ce sens en 2005. Sans suite... Les gens abandonnent leurs chiens comme s'ils jetaient leurs mouchoirs. Comment peut-on faire cela ? La Fondation a beaucoup travaillé sur cette prise de conscience, j'ai envie de dire cette prise de responsabilité que chaque personne souhaitant un animal de compagnie devrait avoir. Nous travaillons là-dessus depuis des années et on n'arrive à rien. Est-ce trop demander aux gens qui veulent, à juste titre, adopter un animal, de le faire avec sérieux, scrupule, amour, fidélité et responsabilité ?

Cessons de nous comporter comme des enfants avec les animaux. « J'en veux un aujourd'hui, je n'en veux plus demain »... Certains combats sont parfois ardus, mais l'éradication de l'abandon des chiens et chats me semble si simple... Il suffit d'aimer l'animal qui partage notre vie. On n'abandonne pas ceux que l'on aime.

Contre une humanité cupide :
le transport et le trafic des animaux

Dans le premier chapitre, j'ai déjà évoqué le massacre des innocents bébés phoques pour le commerce de leur peau, de leur fourrure, de leur huile... Malheureusement, il ne faut pas faire tant d'heures de vol vers l'étranger pour rencontrer une humanité obsédée par son propre profit. Le transport des animaux destinés à l'abattoir en Europe est une tache noire sur les grands idéaux humanistes qui sont nés sur ce continent. Les animaux sont considérés comme des marchandises.

En avril 2017, avec les associations L214 et CIWF France (Organisation dédiée au bien-être des animaux de ferme), nous avons diffusé une vidéo tournée dans deux abattoirs turc et libanais... Des bovins nés en France se retrouvaient à des milliers de kilomètres, battus, suspendus vivants, plaqués au sol, attachés par une corde aux pattes, la tête renversée, les yeux crevés par les doigts du tortionnaire pour finir par être saignés, sans insensibilisation aucune. Ce martyr est partagé, chaque année, par près de 3 millions de bêtes, élevées en Union européenne et exportées vers la Turquie, des pays de l'Est, du Maghreb et du Moyen-Orient.

À l'époque, ma Fondation et les deux autres associations citées plus haut ont adressé une lettre ouverte aux candidats à l'élection présidentielle française pour s'engager à faire appliquer une loi limitant le transport des animaux à une durée de huit heures et faire cesser les exportations d'animaux vivants hors de l'Union européenne. Sans effet.

Depuis plus de vingt ans, nous sommes particulièrement actifs pour dénoncer les longs transports d'animaux : auprès du ministre de l'Agriculture français bien sûr, mais aussi à Bruxelles, comme le 21 septembre 2017 où nous avons remis une pétition d'un million de signatures au commissaire à la Santé et à la Sécurité alimentaire, Vytenis Andriukaitis. Mais la réglementation n'impose pas de limite de durée des transports ni de densité des chargements, seulement des aménagements dans les camions pour renforcer la ventilation ou le contrôle continue de la « cargaison ». C'est un martyr !

Comme je l'ai dit, ma petite expérience dans le domaine du transport des bêtes remonte à l'an 2000, à Gorizia. Avec Ghyslaine, la directrice de ma Fondation, nous étions parties à la rencontre de semi-remorques transportant des chevaux, mais aussi 700 moutons hongrois enfermés depuis plus de vingt-quatre heures, emmitouflés dans leur laine d'hiver par 40° à l'ombre et ne tenant debout que grâce à leur extrême promiscuité... Les moutons, les agneaux bêlaient leur souffrance. Finalement, après une multitude de tergiversations et de formalités administratives, nous avons pu faire sortir les pauvres petits qui échouèrent dans un hangar aéré. Des petits agneaux de deux ou trois mois se bousculaient pour sortir, ils poussaient des cris stridents, si similaires à ceux de nourrissons humains... Des petits, agonisant, jonchaient le sol. L'un d'eux, la patte cassée, fit une syncope. Et malgré l'hydratation qu'on lui apporta, il mourut dans mes bras. Je repartis avec deux agneaux, sauvés de l'enfer vers lequel des centaines d'autres étaient transportés. Je reste aujourd'hui meurtrie par cette épreuve.

Et depuis plus de dix-sept ans maintenant, je sais que les choses ne se sont, en rien, arrangées. Au contraire. La condition animale est liée au profit que l'on peut tirer sur le dos des bêtes. Le traitement qu'on leur inflige de nos jours est le symbole d'une société tournée vers le matériel et la consommation. L'argent est le nerf de la guerre. Les munitions en sont les animaux. La chasse et le trafic des animaux sauvages en sont des exemples. À quoi servent-ils ? Un peu à tout et à rien en fin de compte.

Au Viêtnam et en Chine, les ours noirs ne sont pas exploités dans des spectacles, mais dans d'immondes « fermes ». Immobilisés à vie dans de minuscules cages, l'abdomen perforé, un tube implanté dans la vésicule biliaire, ils sont détenus pour qu'on recueille leur bile, une substance qui est ensuite vendue à prix d'or pour des soins de médecine traditionnelle, curatifs ou aphrodisiaques. Ces fermes abjectes sont censées être interdites depuis 2006. Mais évidemment, là où il y a du profit, il y a du trafic, cette interdiction est allègrement dépassée. La Fondation a participé au financement du « Mekong Sanctuary Delta Bear » et de deux autres structures, aux côtés de Free the Bears et de Wildlife At Risk, qui ont permis le sauvetage de dizaines d'ours. Et plus récemment, l'administration vietnamienne des forêts (VNFOREST) et l'ONG Animals Asia ont conclu un accord pour sauver ces ours et faire cesser ce commerce infâme. J'espère de tout cœur qu'ils pourront mener ce projet à son terme.

Enfin, l'Afrique ne sera bientôt plus une terre d'éléphants. Leurs habitats naturels sont détruits par l'explosion des habitations et des activités agricoles. Mais cela n'est rien, comparé à l'hécatombe provoquée par les braconnages. Le commerce international de l'ivoire est interdit depuis 1989. Mais la demande est alimentée par le développement d'Internet, des clients sans scrupule et des criminels. Chaque année, des centaines d'éléphants sont tués illégalement pour le trafic de l'ivoire. En 1989, le premier numéro de la série d'émissions « S.O.S. Animaux » que j'ai présentée sur TF1 fut consacré aux éléphants. Ce programme a favorisé un engagement immédiat de la France à suspendre l'importation d'ivoire. Et la même année, l'éléphant d'Afrique a été inscrit dans l'Annexe I de la CITES (Convention sur le commerce international des espèces sauvages menacées) dans le but d'éradiquer son extinction programmée.

Le sort des éléphants continue de me toucher. Si les éléphants meurent, je meurs. Je me sens si proche d'eux. Chaque fois que je prends connaissance de l'assassinat d'un éléphant, je ressens un deuil intense dans mon cœur. L'animal-éléphant me porte depuis toujours, son esprit, sa finesse, sa philosophie de vie me guident. J'ai beaucoup appris dans l'observation de ces animaux. L'éléphant est extraordinaire, EXTRAORDINAIRE : d'une intelligence à faire pâlir l'homme. L'organisation d'un groupe d'éléphants est, par exemple, centrée sur une société matriarcale. Leur langage se fait par caresses et gestes bien précis. Ils sont capables de « compter » les membres de leur groupe, d'éclaircir un problème complexe.

Leur perspicacité a maintes fois été observée et prouvée. Les éléphants ont aussi ce petit quelque chose d'atypique : ils ont le sens de la mort. Une sorte de rituel est établi lorsque l'un d'eux meurt. Souvent, lorsqu'une mère est tuée, le petit reste près de sa mère durant des jours et des jours. Il attend. En vain. Ce qui a amené ma Fondation à participer à la création du premier orphelinat pour éléphanteaux victimes du braconnage au Tchad. C'était en 2001, sous l'impulsion de Stéphanie Vergniault, formidable et admirable défenseur des éléphants.

Les éléphants protègent ceux qu'ils aiment. Ils sont calmes et cette sérénité, cette lenteur dans laquelle ils évoluent n'ont d'égal que leur sagesse. Ces animaux sont irremplaçables dans le monde animal sauvage. Et il semblerait qu'ils le soient aussi en tant que ressources : ils sont donc exploités pour leur ivoire, ils sont utilisés comme transport en Asie, ils sont des attractions amorphes dans les cirques et les zoos occidentaux. Bernard a été choqué par la vision d'une éléphante détenue dans un espace réduit d'un zoo du sud de la France (il les visite régulièrement), sans arbre, sans bassin visible... Les éléphants vivent en groupes, seuls ils dépérissent. Et toute la journée, elle vire à gauche, puis à droite, elle vire à droite, puis à gauche, à droite, à gauche, à droite, à gauche... Elle devient folle. Ces animaux sont habitués à faire des kilomètres de marche pour trouver eau et nourriture. Ce ne sont pas des êtres biologiquement sédentaires et solitaires. Ils sont encore moins destinés à être encagés. Les éléphants des cirques sont martyrisés pour pouvoir faire des numéros de clown, monter sur des ballons, jouer de l'accordéon avec leur trompe. Tout cela est grotesque, rageant et indigne.

Pourquoi les animaux sont-ils esclaves des hommes ?

Les animaux sont esclaves et otages des hommes. C'est une certitude que j'ai depuis toujours. Ils sont à la botte des êtres humains.

Je suis sensible à l'idée de liberté. Elle m'est indispensable. Quand je vivais chez mes parents, je n'en avais aucune. Alors, quand j'ai épousé Vadim en 1952, la porte d'entrée vers la liberté s'est ouverte et ne s'est plus jamais refermée. Jusqu'à quinze ans, j'avais une gouvernante à mes basques. J'avais été élevée d'une manière qui m'empêchait de m'exprimer. Je ne supportais pas la rigidité, le fait d'avoir toujours quelqu'un derrière moi, qui m'accompagnait. Je ne pouvais jamais faire un pas dans la rue sans être accompagnée. J'étais constamment surveillée, mes amis, leurs références, leurs parents étaient scrutés. Mes parents décidaient pour moi si je pouvais fréquenter tel ou tel ami, si ses parents étaient des gens bien ou pas... C'était insupportable. Je voulais absolument briser les barrières. J'étais timide, à un tel point que, lors de mes vingt-cinq ans, je me suis rendue chez le pharmacien de l'avenue Paul-Doumer pour lui demander un médicament qui pourrait m'empêcher de rougir. Dès que je disais un mot plus haut que l'autre, je rougissais. Le type m'a dit qu'il fallait continuer de rougir parce que c'était adorable. Je pense être restée timide. J'ai pu surmonter mes émotions, me poser devant une caméra ou affronter les journalistes quand cela était nécessaire grâce à mon impertinence. Elle a été mon arme toute ma vie. J'ai développé ce don de la repartie, de la provocation parfois, de l'audace souvent, pour me libérer, cacher cette timidité qui me paralysait. Je devais simplement la dépasser et je suis allée trop loin. C'est ainsi que je suis devenue ce que vous connaissez de moi...

Bien vite, j'ai pris conscience que je ne faisais pas comme les autres. On dit de moi que je suis le symbole de la libération féminine. En réalité, je n'ai jamais pensé porter un étendard quel qu'il soit : à l'époque, je ne songeais pas à la libération des femmes, je pensais à la mienne avant tout. Or, cette impression de vivre dans un carcan, ce manque de liberté, à ma petite échelle, m'ont toujours collé à la peau. Et c'est probablement parce que je les ai rejetées, parce que j'ai voulu casser toutes les chaînes, que je n'ai jamais supporté de voir un être vulnérable enchaîné.

Oui, cela m'a toujours horrifiée de voir des animaux en captivité. La première chose qui m'a frappée et m'a fait le plus de mal, ce sont les oiseaux dans les cages. Au début de notre mariage avec Vadim, nous habitions un petit immeuble minable et la concierge avait une loge triste et encombrée qui puait. Seule une petite fenêtre sur une cour sinistre, en vis-à-vis avec des immeubles, offrait un semblant d'ouverture. Et dans cet univers, il y avait un petit oiseau qui chantait dans une cage. Cela m'avait choquée, j'ai demandé à cette femme pourquoi garder cet oiseau en cage et elle m'a répondu : « Parce qu'il m'apporte un peu de vie, je lui parle, il me répond. » Pourquoi offrir à un être vivant une existence en tous points contraire à sa nature ? Forcer cette dernière, faire plier l'instinct de tel ou tel animal pour son plaisir ou pour pallier des manques, je l'ai toujours refusé.

Les animaux m'ont toujours paru fragiles, vulnérables, sans défense et j'ai toujours ressenti le besoin vital de les protéger. C'est presque inné. À certains moments, enfant, je devais me retrouver avec des amies de ma mère et leurs « petits-chiens-à-sa-mémère » qui ne couraient jamais, qui devaient rester dans les jupons de leur maîtresse. Je me disais : « Les pauvres petits, ils sont comme des jouets. » Certes, ils étaient nourris, choyés, caressés et dormaient au chaud. Mais ils n'étaient pas considérés comme des individus à part entière. Ils se pliaient au rythme de vie qu'on leur imposait. Ainsi, ils dérogeaient forcément aux besoins de leur espèce. Donc pour moi, ils étaient malheureux. La liberté est une donnée fondamentale. La liberté, c'est le droit de naître, de vivre et de mourir dans le respect de notre conditionnement premier, de notre espèce, de notre nature. La liberté, c'est de pouvoir être maître de son existence humaine et non humaine. Aucun être, aucun vivant ne peut faire plier un autre sous prétexte de sa faiblesse.

Lorsque j'ai décidé de m'engager entièrement dans ce combat animal, au début des années 1970, au-delà de l'amour que je portais aux animaux, ma gêne était centrée sur cette idée d'exploitation d'êtres inférieurs. On commençait tout juste à se questionner sur notre rapport aux animaux. Jusqu'à très tard, les animaux ont été considérés la plupart du temps comme des ressources, ou pire, des machines. L'idée de « libération animale » a été créée par un philosophe britannique qui s'appelle Peter Singer. J'avais entendu parler de la sortie de son livre en 1975, mais je ne l'ai pas lu à l'époque, malheureusement. Dans cet ouvrage, il explique que la libération animale est un combat social pour défendre les opprimés. C'est mon idée aussi, absolument. À 100 %. Les animaux, en étant tenus en esclavage, sont considérés comme des objets et non comme des êtres vivants. Et comme des esclaves, au temps de l'esclavage, leur commerce repose sur le profit. Comme des milliers de militants à travers le monde, je souhaite aujourd'hui l'abolition de cet esclavage animal. Asservir un être humain est abominable. Autrefois, on niait la douleur et l'humanité des hommes qui étaient enchaînés. On nie aujourd'hui la sensibilité et « l'animalité » des bêtes, c'est-à-dire leur capacité de ressentir et d'éprouver des choses parce qu'ils sont vivants.

Or, il y a urgence. Car les animaux vont disparaître s'il n'y a pas de prise de conscience, un changement de mentalité rapide. Des espèces que l'on connaît aujourd'hui disparaîtront de façon imminente et la plupart sont des animaux sauvages. Par ailleurs, un phénomène déroutant a été observé : dès lors qu'ils sont chassés et traqués, qu'ils n'ont plus suffisamment d'effectifs pour se reproduire, les animaux n'en ont plus la volonté. C'est d'une sagesse affolante : ils savent d'instinct que, s'ils se reproduisent, ils seront tués.

Où les animaux sont-ils esclaves ?

Là où il y a du divertissement :
les cirques et les zoos

Autrefois, j'ai participé à un monde où les animaux étaient utilisés. Dans tous mes films, un animal était présent. Hélas, ce n'était pas toujours dans le bon sens. Dans le film de Roger Vadim *Les Bijoutiers du clair de lune*, en 1958, je jouais le rôle d'Ursula. Dans une scène, qui devait se dérouler en Espagne et qui avait été tournée dans un studio reconstitué de Paris, l'héroïne que je campais devait se faire attaquer par un taureau dans une arène. Une vachette a été recrutée pour l'occasion et, pour éviter tout danger, on lui a administré un calmant tellement fort qu'elle en est morte sous mon nez. Je l'ai très mal vécu. Je ne savais pas que cette petite vachette avait été droguée : elle était face à moi, je voyais qu'elle n'allait pas bien, elle bavait, du liquide sortait de son nez, elle respirait fort et elle a fini par se coucher. Cela m'a tellement dégoûtée que je suis partie, j'ai refusé de refaire la scène et de tourner. Cet animal a été tué pour les besoins d'un film. Pour les besoins des hommes. Pour qu'ils se divertissent. Je porte cette culpabilité en moi.

À l'époque, aucune règle n'existait s'agissant de l'utilisation des animaux dans les films. Si une bête devait mourir, on la faisait mourir. Je suis soulagée de ne pas avoir vécu ce genre de situation. Du reste, je ne l'aurais jamais supporté. Ce n'est que lorsque j'ai quitté le cinéma que les animaux ont commencé à bénéficier d'une protection dans les films. Enfin, il faut le dire vite ! L'idée de l'animal-acteur ne me plaît guère. Il est l'équivalent de l'animal de cirque. Il est dressé, montré, de manière antinaturelle. Il est cloîtré dans un parc minuscule et on le sort quand il doit faire son numéro. Je n'aime pas ça. À partir du moment où on oblige un animal à faire quelque chose qui ne correspond pas à sa nature et à son espèce, cela me dégoûte.

Moi-même, j'ai eu l'expérience d'un chien extraordinaire dans *Les Novices*[1], film que j'ai tourné avec Annie Girardot. Ce croisé berger allemand faisait les choses en s'amusant, il se couchait sur le dos, jouait, nous faisait des câlins en permanence. Pour *À cœur joie*[2], j'ai eu la chance de jouer avec un singe. Ce tournage a été splendide, grâce à lui. Il agissait comme un bébé à mon égard. Et j'aimais cela. Le

---

1. *Les Novices*, film réalisé par Claude Chabrol et Guy Casaril, 1970.
2. *À cœur joie*, film réalisé par Serge Bourguignon, 1967.

singe peut être rapproché du chien : sa biologie, ses centres d'intérêt aussi sont très proches de ceux des hommes. Alors, leur participation à des films s'apparente plus à un jeu, un échange. Je crois qu'il faut vraiment discerner les choses en fonction des espèces. C'est pour cela que toute présence animale dans un monde d'hommes doit être contrôlée, cadrée et interdite dans certains cas.

Nous ne pouvons pas dire que la science a fait telle ou telle découverte sur une espèce sauvage et ne pas la considérer en fonction de cela. Les dresseurs de cirque qui témoignent d'une relation privilégiée avec leurs animaux sauvages me mettent mal à l'aise. Car les animaux ne pensent peut-être pas la même chose. On ne leur a pas demandé leur avis. On peut aimer et imposer une promiscuité, on peut aimer et priver de liberté. Mais il faut quand même rappeler sans cesse une chose : l'animal sauvage n'est pas programmé pour sauter sur ses pattes de derrière et faire des roulés-boulés.

Le cirque et les zoos jouent sur l'illusion du bonheur. Des couleurs, de la magie, de la musique, des rires, des « barbes à papa », des petits noms sur les animaux et le tour est joué. C'est très pervers. Tout le monde est attiré par la beauté des animaux, chacun veut approcher un animal venu d'un pays lointain. Mais comment peut-on encore faire croire au public que ces attractions ne sont pas basées sur la contrainte ? Comment faut-il vous rappeler qu'aucun animal n'accepte de son plein gré d'être enfermé, d'être dressé ? Aucun dressage ne se fait sans force. On n'apprivoise pas un animal sauvage, on le soumet. Les contraintes imposées aux animaux sont plus ou moins épuisantes et graves car elles les déséquilibrent. C'est épouvantable. Un soigneur dit que le dauphin au naturel est joueur, donc on utilise cet attrait pour le jeu. Certes, le dauphin comme l'otarie sont plus disposés à l'apprivoisement. Mais doit-on profiter de leur gentillesse et de leur sociabilité ? Où se situe la limite entre le jeu et la contrainte ? Dans les univers du zoo, du parc animalier, du cirque où des numéros sont proposés, tout est basé sur le show et sa rentabilité. Alors, quand l'animal n'a pas envie de jouer, on le laisse tranquille ? Eh bien NON. Donc on le force, donc on le contraint, donc il n'est pas libre. Donc c'est abject.

Depuis l'an 2000, nous sauvons des ours en Bulgarie. Des ours utilisés pour danser, dont le nez est arraché par l'anneau qui les tient en laisse, des animaux déshydratés, squelettiques qui sont recueillis dans un sanctuaire que nous avons fait construire dans le pays, à Belitsa. Le Parc des ours dansants est l'une des plus grandes réserves d'ours en Europe. Ils peuvent profiter d'une seconde vie dans leur milieu naturel, en liberté, sans aucune contrainte.

Et quand nous ne pouvons pas extirper les animaux de leur dégradante vie de spectacle, on essaie de crier, de sensibiliser le plus possible. En 2005, la Fondation avait organisé une manifestation devant le delphinarium du Parc Astérix pour dénoncer la détention de dauphins dans des conditions ne répondant pas à leurs besoins biologiques. Une intervention que l'on a renouvelée en 2014, devant les bassins du Parc[1].

---

1. Article du 7 juillet 2014 publié dans *Le Parisien*, « Des militants de la Fondation Bardot manifestent au Parc Astérix » (http://www.leparisien.fr/espace-premium/paris-75/des-militants-de-la-fondation-bardot-manifestent-au-parc-asterix-07-07-2014-3982913.php), suite à l'action, le 6 juillet 2014, de dix militants de la Fondation qui sont intervenus durant le « spectacle » des dauphins du Parc Astérix. Action coup de poing et photos à retrouver

Certaines personnes m'ont déjà mise devant ce paradoxe : les orques, les tigres, les lions sont des animaux sauvages, des fauves et, en un coup de griffes, ils peuvent tuer un homme : pourquoi acceptent-ils alors de se soumettre ? Voici ma réponse : à cause de cette vulnérabilité animale dont je vous parle dès le début. L'homme utilise la faille de l'animal pour le soumettre et le réduire à l'esclavage. Et cela passe par des obligations traumatisantes. Ils peuvent être battus, affamés, drogués, soumis à des conditions de vie éprouvantes. Les animaux de divertissement savent bien que, s'ils n'acceptent pas de faire tourner un ballon sur leur nez, leur traitement sera durci. Et après, on doute de l'intelligence animale, de sa capacité d'adaptation ?

L'animal asservi dans un cirque, l'animal détenu dans un zoo, ce n'est rien d'autre que de l'oppression. C'est tout ce que je déteste dans l'humanité : la domination et l'antinaturel. Pourquoi le choc face à cet esclavage animal n'est-il pas général ? Parce que le spectacle attire. C'est le sens même de la superficialité, du beau côté des choses. L'envers du décor est toujours sordide.

J'aime les numéros, les prouesses humaines du cirque, je hais le cirque des animaux. Ceux-ci souffrent du manque d'espace, du stress et du bruit des représentations, du rapport avec le visiteur, de l'ennui aussi. Les combats que ma Fondation mène depuis des années commencent à porter leurs fruits et encouragent les communes françaises à interdire la venue des cirques avec animaux sur leur territoire. En mai 2006, nous avons permis la libération

---

sur le site de la FBB http://www.fondationbrigittebardot.fr/s-informer/spectacles-d-animaux/asterix2014

de Natacha et Gandhi, deux tigresses appartenant au cirque Zavatta[1]. Nous les avons accompagnées dans un parc naturel d'Allemagne, le parc de Lübeck. Et de là, elles ont été transférées dans une réserve en Afrique du Sud. L'année d'après, nous avons enclenché le sauvetage d'un hippopotame qui croupissait dans un camion du cirque Zavatta. Tonga a été transféré dans la réserve de SanWild, en Afrique du Sud. Pas besoin de préciser que cet environnement correspondait plus aux besoins de son espèce... La Fondation a même financé un grand plan d'eau pour Tonga. Par la suite, nous avons cofinancé la structure « Tonga Terre d'Accueil », dans la Loire, pour l'accueil des primates et félins saisis dans des cirques ou chez des particuliers.

Avez-vous déjà essayé de regarder un animal de zoo dans les yeux ? Essayez un peu. C'est impossible. Ils sont éteints. Tristes. À mourir. Les zoos sont des lieux où les animaux sont humiliés, privés de tout, même de leur soif de vivre.

Je préfère de loin que la préservation se fasse dans le milieu d'origine des animaux, que l'on crée des réserves et des parcs nationaux adéquats. Peut-on accepter de capturer un animal pour l'enfermer, même si c'est soi-disant pour le protéger ? Le taux de mortalité est élevé en captivité et les naissances sont rares. Étant donné qu'il est désormais interdit de capturer des animaux sauvages, les établissements font des échanges. Ils brisent des familles. Dès que les animaux sont sevrés, on les embarque. Les animaux dans les zoos ne vivent pas normalement. Et puis, il arrive qu'on n'ait plus besoin d'eux. Alors

---

[1]. Le sauvetage des deux tigresses a fait l'objet de deux longs articles publiés dans l'*Info-Journal* de la Fondation, n° 57 et n° 62, en 2006.

on les euthanasie. Eh oui... l'esclavage des animaux donne un droit de vie ou de mort sur eux.

Évidemment, je fais la différence entre des petits zoos qui ressemblent à des mouroirs et les parcs animaliers, qui correspondent un peu plus à leur habitat naturel. Les animaux vivent dans des espaces ouverts, ils évoluent en semi-liberté, la priorité étant la conservation des espèces. On donne l'impression de la liberté, même si ce n'est pas la liberté. Du reste, quand on s'occupe un peu des animaux dans le monde, on se rend vite compte qu'il n'existe quasiment plus aucun lieu sauvage et préservé sur la Terre. Alors, dans le pire, je choisis le moindre et le moins pire. Les parcs animaliers peuvent, dans une certaine mesure, être un outil pour préserver les espèces, car ils sont aussi protégés des braconniers. On n'imagine pas comme la nature est devenue un espace réduit : les plaines sont bétonnées, les forêts coupées. Même les animaux à l'état sauvage risquent leur peau tous les jours : les grands parcs d'Afrique qui s'étendent sur des milliers d'hectares sont surveillés quasi militairement par des rangers. Savez-vous que le braconnage des défenses d'éléphant et de cornes de rhino se passe, la plupart du temps, dans des réserves ? Les rangers ne font pas le poids face à des chasseurs armés de drones, de mitrailleuses, d'hélicoptères, de lunettes infrarouges et de véhicules blindés. Les braconniers sont des militaires en guerre pour défendre leur marché noir.

*Là où il y a de la torture :
la fourrure et l'expérimentation animale*

La fourrure

Quelle crédibilité ai-je en tant que protectrice des animaux, étant donné que j'ai porté de la fourrure ? Ce fut le premier argument de mes adversaires pour tourner mon combat en ridicule. Et la réponse que je leur ai apportée n'a jamais varié : parce que je ne savais pas.

L'horreur qui se cachait derrière un manteau de fourrure m'a été dévoilée petit à petit. À mon époque, on en parlait peu, car rares étaient les personnes pouvant s'offrir une pièce de ce genre. Moi-même, ce n'est que lorsque j'ai touché mes premiers cachets d'actrice que j'ai eu les moyens de m'acheter de la fourrure. Ce fut le cas pour une étole en vison que j'avais acquise pour me rendre au Festival de Cannes. Je n'avais jamais rien à me mettre et complexais sans cesse. Maman me trouva donc un manteau, chez une revendeuse de Paris, un pardessus tellement grand que je l'avais appelé « mon Vison à quatre places », car on aurait pu en mettre quatre comme moi dedans... Ensuite j'ai porté des fourrures que me prêtaient des grands magasins, pour briller à telle ou telle réception. C'était doux, chaud, sensuel, très agréable à porter...

ET PUIS J'AI SU. ET PUIS J'AI VU.

Cette prise de conscience est l'une des plus fortes de ma vie. Je m'en suis voulu à mort de m'être pavanée avec une peau d'agonie sur le dos, une dépouille sanglante arrachée à un être vivant pour mon unique plaisir. Cette culpabilité m'a terriblement mortifiée et abîmée. Un jour, j'ai compris que ce signe extérieur de richesse n'était ni plus ni moins qu'un charnier animal que l'on portait sur son dos.

Dès lors, j'ai souhaité me battre, crier toujours plus fort contre cette ignominie. J'ai répondu à des interviews, participé à des manifestations, comme celle, très médiatisée, du 19 novembre 1994. J'en avais pris la tête. Ma Fondation avait lancé un vaste appel international pour récupérer des fourrures, symboles de ce commerce atroce. Et devant l'Opéra de Paris, Laetitia Scherrer, ex-mannequin et fille du couturier[1], a incendié des vêtements maculés de sang. Puis l'industrie de la mode profitant de la mondialisation économique, la fourrure revint à la mode dans des pièces de collections mais aussi au sein d'accessoires hivernaux (cols, revers de manche...). En 1997, je répondis donc à l'invitation de Laetitia Scherrer pour défiler à Paris, avenue Montaigne, non loin des grandes enseignes de luxe françaises. Mon ami Christian Zuber était présent, tout comme le grand humaniste Théodore Monod. Du haut de ses quatre-vingt-quinze ans, ce magnifique homme n'avait en rien perdu sa rage de combattre l'injustice faite aux animaux. À cette occasion, je portais un immense manteau de fausse fourrure qui m'avait été prêté par Paco Rabanne. Mon objectif était de montrer qu'il était possible de rester élégante, tout en étant éthique.

La fourrure, c'est le massacre de plus de 35 millions d'animaux chaque année, élevés et tués dans des conditions épouvantables. C'est pour cela que ma Fondation et moi-même demandons aujourd'hui la

---

[1]. Jean-Louis Scherrer (1935-2013).

fermeture des élevages français. Nous avons crié au scandale lorsque nous avons appris que des fonds publics avaient été alloués pour l'Institut national de la recherche agronomique (INRA) pour créer « l'Orylag », une race de lapin destinée, entre autres, à la production de fourrure. Ce pauvre animal est principalement détenu et dépecé en Charente-Maritime. Comme évoqué en première partie de ce livre, la commercialisation des peaux de chien, de chat et de phoque dans l'Union européenne est interdite. Il est désormais « humainement logique » de proscrire la vente d'autres morbides pelages, qu'ils proviennent d'élevages ou de piégeage.

Il est si contradictoire, si obsolète aussi, de voir que le luxe peut être symbole de cruauté. Des centaines de fermes d'élevage fonctionnent aujourd'hui au sein de l'Union européenne. Des visons, renards, lynx, ratons laveurs, chinchillas sont prisonniers, exploités, désanimalisés et tués dans des conditions dignes des plus grandes représentations de l'enfer. Des milliers d'autres sont piégés, blessés ou laissés à l'agonie, comme les coyotes dont la fourrure orne le col de nombreuses parkas. La France compte des dizaines de sites dédiés à l'élevage de visons, ces pauvres petits mammifères qui n'ont d'intérêt pour l'homme que la manne financière qu'il peut tirer sur son dos. L'élevage d'Émagny, dans le Doubs, fait l'objet de manifestations régulières[1] et son effectif est en passe d'être doublé, ce qui me scandalise[2].

---

1. La liste et le déroulé des différentes mobilisations contre l'élevage d'Émagny, depuis 2012, sont à retrouver sur le site de la Fondation : http://www.fondationbrigittebardot.fr/agir/participer-a-une-manifestation/fourrure-non-aux-elevages-de-visons
2. Article sur le site de France 3 Bourgogne-Franche-Comté du 21 juillet 2017 : « L'élevage de visons d'Émagny autorisé à

Les martyrs de la mode sont entassés dans des cages minuscules, cohabitant avec leurs excréments et des congénères qui développent des comportements anormaux comme l'automutilation, espérant se sortir de cet abîme. Les animaux sont sacrifiés à l'âge de six ou sept mois, après la mue qui masque tous les défauts du pelage. Puis arrive le moment de la mort... L'écriture de ces lignes est un supplice, tant la description de cette horreur me fait frémir. Les animaux destinés à produire de la fourrure, matière qui sera cousue, vendue, arborée dans des défilés, des photos et vidéos retransmises dans le monde entier, cette fourrure que certains admireront, est la conséquence de pendaisons, de ruptures de nuques, de gazages, d'injections, d'empoisonnements, d'électrocutions par la bouche ou l'anus... Mon Dieu... Le pire étant que ces méthodes sont autant barbares qu'inefficaces... En effet, à la Fondation, nous avons recueilli des témoignages à faire trembler : de nombreux animaux se « réveillent » durant le dépeçage !

Ce que je souhaite c'est, évidemment, la fin pure et simple de l'utilisation de la fourrure animale. Et je ne peux qu'applaudir l'initiative de marques comme Gucci qui montrent l'exemple en refusant désormais de poser un cimetière animal sur le dos de ses mannequins. Mais je m'insurge violemment contre l'élevage d'animaux à fourrure en France, quand la Suisse, l'Autriche, la Grande-Bretagne et la Hongrie l'ont déjà interdit. Faut-il rappeler que la fourrure synthétique est comparable à la fourrure animale ? Même Karl Lagerfeld l'a reconnu.

---

s'agrandir », http://france3-regions.francetvinfo.fr/bourgogne-franche-comte/doubs/elevage-visons-emagny-autorise-s-agrandir-1300865.html

L'expérimentation animale

Quel tribut l'animal doit-il payer à l'homme pour endurer de telles souffrances ? L'animal est-il à ce point redevable de l'humain qu'il faille qu'il paie de sa vie ? Je ne vais pas y aller par quatre chemins : l'expérimentation animale n'est pas un mal nécessaire, c'est un mal tout court. Ces procédés sont immoraux, absolument immoraux. Tout d'abord parce qu'il serait impensable de faire des tests sur des hommes, des femmes ou des enfants, pourquoi ? Parce que ce sont des humains, des êtres vivants et sensibles à la douleur. Parce que la torture n'est pas éthique. Pourquoi donc la morale s'évapore quand il s'agit d'animaux ? Parce qu'ils n'ont pas l'intelligence et la raison humaines ? C'est la seule fausse réponse.

Car le lapin ressent la même douleur quand on lui injecte des produits inflammatoires dans les yeux avec une aiguille. C'est ce que l'on appelle le test de Draize. Le lapin blanc est placé dans un carcan où seule la tête dépasse. On introduit des substances chimiques dans ses orbites, encore et encore, jusqu'à ce que l'œil soit totalement abîmé. Aussi, les bêtes vivent le même calvaire que les hommes lorsqu'on les met en contact de polluants agricoles, de pesticides ou autres, lorsqu'on les soumet à des tests de photosensibilisation sous une lampe UV, le poil rasé pour définir à partir de quel moment la peau commence à brûler. Enfin, le singe souffre des mêmes troubles psychologiques qu'un petit enfant quand on l'isole dès sa naissance, puis, pendant des mois et des années, sans contact aucun, dans le cadre d'expériences très communes appelées « isolement affectif » ou « privation maternelle »...

L'expérimentation animale est horrible. Parce que c'est une mort lente, perpétrée dans un monde médical dont le but premier est de soulager les souffrances. Parce que la science peut être celle de tortionnaires. Tout au long de mon combat, j'ai assisté à des scènes d'horreur qui me glacent encore le sang aujourd'hui. Je me souviens de cette photo d'un chien Berger à qui on avait transplanté une tête de Loulou de Poméranie. Il y avait aussi ce primate, le corps fractionné de tubes, éventré et pourtant bien conscient. Et puis ce singe électrocuté ou ce chat dont la boîte crânienne avait été trouée. Pour les besoins de mon émission « S.O.S. » consacrée à l'expérimentation animale, nous avions diffusé en 1989 une vidéo d'une laie hurlante, se débattant sous les jets de napalm, cette essence utilisée pour les bombes incendiaires. Transformé en torche vivante, ce pauvre cochon a mis de longues minutes à mourir calciné. Enfin, je n'oublierai jamais ces regards, ces milliers de regards que j'ai croisés, pleins de détresse, de malheur, d'imploration. Cet œil profond qui accepte autant qu'il refuse, cette abnégation et cette révolte, cette angoisse mêlée d'une infinie tristesse. Cet œil blanc du cobaye, mendiant la fin d'un chemin de croix qui n'en finit pas.

L'expérimentation animale est indécente. Parce que c'est une cruauté qui fait débat. Les protecteurs des animaux ont mauvaise presse quand il s'agit de critiquer la vivisection. On nous considère comme des « antiscience », des gueulards indignes qui salissent des tests réalisés « pour notre bien » à tous. Pourtant, des mots très admirables comme « test », « expérience », « scientifique » cachent une réalité terrifiante où des millions d'animaux de laboratoire sont charcutés chaque année, la plupart du temps sans anesthésie, par manque de temps, manque de moyens ou manque de sensibilité. À cela s'ajoutent des conditions de détention carcérales pour des animaux qui ne sortent de leur prison que pour être « travaillés », poussés, alpagués à l'aide de perches et de crosses. Le plus souvent, ils se débattent, le plus souvent ils crient, donc on les force et, dans les cas les plus extrêmes, on leur coupe leurs cordes vocales.

L'expérimentation animale est honteuse parce qu'elle est obscure. On ne sait pas vraiment où cela se passe. Cela concerne les grandes firmes de laboratoires pharmaceutiques, bien sûr, mais aussi les universités, les écoles vétérinaires, les centres de recherche de l'armée, les instituts publics, de toxicologie, d'agronomie... Eh bien, malheureusement, ces grands testeurs ne se partagent pas les résultats de leurs recherches entre eux, contrairement aux essais qui sont faits sur les hommes. Et il existe aussi des expériences réalisées dans un but purement savant, pour rédiger des publications que les chercheurs se distribueront[1]. L'association Animal Testing a pu lever le voile sur les expérimentations pratiquées à l'école vétérinaire de Maisons-Alfort : des chiens détenus dans des souffrances extrêmes sont condamnés à une longue agonie[2]. Des expériences douloureuses sont réalisées sans anesthésie, certains protocoles précisant que l'utilisation d'antalgiques « contreviendrait aux résultats »... Une autre enquête a révélé que plus de 850 000 souris sont sacrifiées chaque année en France.

---

1. Merci au journaliste Guillaume Pot qui s'associe à mon combat contre la vivisection.
2. L'enquête partielle a été révélée en décembre 2016 par Animal Testing et PETA (https://animaltesting.fr/2016/12/01/une-vie-de-souffrances-les-experiences-sur-les-chiens-financees-par-le-telethon). Et un article avait été publié dès 2013 sur le sujet : https://tempsreel.nouvelobs.com/rue89/rue89-nos-vies-connectees/20131203.RUE0629/experimentation-animale-les-chiens-cobayes-face-cachee-du-telethon.html

Enfin l'expérimentation animale est perverse, parce qu'elle est rétrograde. Nous sacrifions des êtres vivants et, dans le même temps, nous pouvons visiter la Lune, nous créons des bombes atomiques, des robots, des ordinateurs. Notre humanité devient virtuelle : sauf ses crimes. Car où est la ligne rouge entre le scientifique et le sadique, quand la majorité des expériences sur les animaux sont faites à vif, que les cris sont étouffés, que les bêtes se recroquevillent dans leurs cages pour échapper à leurs tortionnaires ? Où est le respect du vivant quand les cobayes utilisés sont balancés comme de vulgaires gants en latex alors qu'ils sont morts pour nous ?

Nombreux sont les cobayes contraints à cette vie d'esclavage : des rongeurs, des oiseaux, des cochons, des lapins, des chats, des primates, des chevaux, des chiens et particulièrement des beagles. Ces petits chiens tricolores sont appréciés pour leur douceur et leur grande fidélité. Il est vrai qu'on a rarement vu des pitbulls utilisés dans des laboratoires... Seule la recherche sur les grands singes, comme les orangs-outans, les bonobos, les gorilles et les chimpanzés est aujourd'hui interdite dans la plupart des pays. Leur trop grande proximité biologique avec l'homme bouscule quand même un petit peu les consciences.

Les cobayes des laboratoires sont créés pour cela et viennent d'élevages dédiés. Il est arrivé que ces animaux soient issus de trafics immondes. Comme le fameux réseau de chiens volés en Lot-et-Garonne. Ce fait-divers avait fait grand bruit à la fin des années 1980 et j'avais participé aux procès avec mes amis Dany Saval ou encore Nino Ferrer. Régulièrement, avec ma Fondation, nous nous insurgeons contre l'implantation d'élevages destinés aux laboratoires. En 1999, je me suis moi-même rendue dans l'Allier pour empêcher l'installation d'un élevage de 2 000 chiens. D'ailleurs, nous étions soutenus par la majorité des Français puisque, selon un sondage IFOP, 87 % des sondés étaient hostiles à l'implantation de nouveaux élevages de chiens destinés aux laboratoires[1]. En 2005, ma Fondation a permis de libérer une trentaine de beagles qui convoyaient à des fins expérimentales en Croatie. Une mobilisation nationale permettra la récupération et l'adoption de ces chiens. Les animaux viennent aussi de l'étranger. En passant, je vous apprendrai peut-être que le fleuron de notre économie nationale, Air France-KLM, demeure la dernière grande compagnie aérienne à transporter des primates destinés à l'expérimentation[2], malgré nos nombreux courriers leur demandant de cesser ce trafic[3].

Ensuite, comme vous vous en doutez, les animaux ne réchappent que très rarement à cette vie de torture. La plupart sont sacrifiés, euthanasiés, incinérés ou jetés à la poubelle. Les autres, les chanceux qui ont encore quelques membres opérants, peuvent être proposés à l'adoption *via* la formidable association GRAAL. Mais c'est une minorité.

---

1. Source chiffres : Fondation Brigitte-Bardot.
2. « La primatologue Jane Goodall attaque Air France sur le transport des primates », *Le Figaro*, 26 mai 2014 (http://www.lefigaro.fr/actualite-france/2014/05/26/01016-20140526ART FIG00223-le-primatologue-jane-goodall-attaque-air-france-sur-le-transport-des-primates.php) ; « Happening pour qu'Air France arrête le transport des singes », *Le Parisien*, 30 août 2017 (http://www.leparisien.fr/societe/defense-animale-happening-pour-qu-air-france-arrete-le-transport-des-singes-30-08-2017-7223700.php).
3. Lettre de Brigitte Bardot au P-DG d'Air France du 30 décembre 2016, à retrouver sur le site de la Fondation : http://www.fondationbrigittebardot.fr/experimentation-animale/actualites/airfrance

J'ai moi-même recueilli une survivante de cet enfer. En 1980, pour une émission de télévision, « Les Dossiers de l'écran » sur Antenne 2, j'ai participé à une table ronde sur l'expérimentation animale. Celle-ci intervenait après la diffusion d'un film de Allain Bougrain-Dubourg montrant la vivisection d'un chien à l'hôpital de Choisy, difficilement supportable. Une petite boxer y était torturée : on lui avait enlevé le cœur, les poumons, et tout le système respiratoire, pour le remplacer par une machine. La petite chienne était anesthésiée à un degré extrême. Elle devait mourir à la fin de l'expérimentation. Je fis un scandale et exigeai qu'on la ranime. Elle ne sortit pas de son coma avant deux jours. Suite à cela, je récupérai ce corps qui n'en était plus un, ce lambeau de chair recousu de toutes parts. Elle avait tant payé de sa sensibilité pour la chirurgie, elle méritait une survie plus que sublime. Je l'ai prise avec moi, elle gémissait, elle n'avait plus la force de hurler. Elle avait tout le temps froid. Avec Allain, nous l'avons couverte, soignée, accompagnée dans un nouvel apprentissage de la marche. Nous lui avons appris à se nourrir seule. Or, une cicatrice demeurait, elle était morale. Cette petite boxer était épouvantablement faible et craintive. Dès qu'elle voyait un homme, elle se cachait sous un meuble. Je l'ai appelé Amélie, en référence à la pièce de théâtre *Occupe-toi d'Amélie* de Georges Feydeau. Amélie a terminé ses jours, heureuse, à La Garrigue. Quelque temps après son opération, j'appris que la machine qui devait servir de substitut respiratoire avait été utilisée lors de l'opération d'une petite fille. Amélie avait sauvé la vie de cette enfant. Oui, la science peut sauver les êtres, c'est une certitude et j'en suis heureuse, mais cette histoire avec Amélie date du début des années 1980 et, depuis, je ne peux m'empêcher de penser qu'aujourd'hui nous pourrions nous efforcer de mettre en application les solutions alternatives, de substitution ou de remplacement qui éviteraient bien des souffrances animales.

La lutte contre la vivisection fait partie de nos grands combats à la Fondation. Car nous pensons que l'utilisation du modèle animal est dépassée. En 1992, nous avions milité auprès du Parlement européen pour interdire les tests pour les cosmétiques. L'UE avait finalement opté pour une interdiction totale en 2013. Et aujourd'hui, nous comptons bien poursuivre le combat dans le domaine purement médical. Car, immorale, l'expérimentation animale est aussi scientifiquement douteuse. Le Comité scientifique de référence en la matière, Pro Anima, l'a expliqué : les tests sur les animaux ne supposent par forcément la même réaction sur les humains. Car chaque espèce est différente, les réactions varient d'un corps à l'autre. Ce qui pose des questions sur la fiabilité de ces procédés. D'une certaine manière, l'expérimentation animale peut parasiter les résultats des tests et, donc, devenir une menace pour l'homme.

Le modèle animal a touché ses limites. Avant de commercialiser un médicament, il est imposé de faire des tests cliniques sur les animaux, mais c'est une erreur de croire que c'est la méthode la plus sûre. Tout le monde le sait, mais personne ne veut se donner les moyens d'adopter d'autres procédés. Pourtant, ils existent. Les techniques *in vitro*, à partir de cellules et de tissus humains, ou *in silico*, fondées sur des modèles informatiques, sont des méthodes de remplacement qui ont prouvé leur efficacité. La 3D permet aujourd'hui de modéliser des maladies, des organes miniatures sont construits. Les budgets offerts à la science n'incluent pas la recherche de méthodes de substitution. Alors, à partir de 2008, ma Fondation a cofinancé « Valitox », un programme porté par Pro Anima. L'objectif étant de trouver des tests alternatifs, surtout dans le domaine de la toxicité aiguë des produits chimiques. Mais ce test n'est toujours pas, en 2018, validé par le Centre européen pour la validation des méthodes alternatives (ECVAM)... Dix ans que cela traîne, malgré les nombreux tests qui ont été imposés et passés avec succès.

L'Union européenne a maintenant l'obligation éthique de revoir sa position sur la recherche. Les politiques aussi doivent travailler pour financer une science efficace et plus humaine afin de lutter contre l'opacité, on peut imaginer des centres de test contrôlés par une autorité indépendante et transparente. Parce qu'il s'agit d'êtres vivants, et que tout ce qui touche à la manipulation de la vie doit être connu de tous.

À l'heure où ces lignes sont écrites, j'ai la nausée. Je ne veux pas vivre dans une société qui supporte l'expérimentation animale. L'homme est sensible, l'animal aussi. Un être vulnérable est un être vulnérable, quels que soient sa carapace, ses écailles, son pelage ou sa fourrure. Si la science est insensible, si la science n'a pas de conscience, qui peut en avoir ? Certainement pas les grandes firmes pharmaceutiques qui sont à la base de toutes ces horreurs et qui sont d'une redoutable puissance.

Là où ils ne sont plus rien :
l'élevage intensif

Quand j'ai commencé à dénoncer la façon dont on tuait les animaux en 1962, je n'imaginais pas que, cinquante-cinq ans plus tard, je dénoncerais la façon dont on les oblige à vivre. Enfin, « vivre », c'est un bien grand mot. En vérité, ils survivent, ils sont maintenus en vie. Malheureusement pour eux. Car la mort est une peine moins lourde que la vie dans un élevage intensif. Là, c'est l'enfer de Dante, c'est un cycle infernal, c'est une condamnation à perpétuité. Pour un crime que ces animaux n'ont pas commis. Les animaux n'y ont rien d'êtres vivants, ils sont désanimalisés. Ce sont des choses, des machins et des machines qui doivent produire en un temps record. Rien n'y est naturel.

La majorité des viandes pas chères ou bas de gamme d'aujourd'hui sont issues d'animaux enfermés à vie, dans des bâtiments pleins à craquer. Tout est tourné vers la production, toujours plus et toujours plus vite. D'énormes quantités de viande, de lait, d'œufs, de bêtes sortent de ces fermes-usines. Les animaux y sont confinés sans air, sans lumière, sans repos.

Vous avez sûrement entendu dire que, lorsque vous mangez de la viande d'un élevage industriel, vous mangez de la torture... Ce ne sont pas des conneries de militants de la protection animale, ce ne sont pas que des vidéos que vous trouvez sur Internet et devant lesquelles vous vous dites : « Oh, c'est pas partout comme ça, si ça se passait comme ça, ça se saurait... » C'est la triste réalité.

L'élevage est dit « intensif » quand :
– on garde les meilleures bêtes, sélectionnées selon leur sexe puis confinées dans des lieux fermés ;
– la petitesse de l'espace concentrationnaire empêche le mouvement et quand les soins élémentaires (paille, sol à explorer) ne sont pas donnés ;
– la croissance des animaux est accélérée à l'aide de médicaments, d'antibiotiques ou de méthodes de gavage, et quand les femelles sont inséminées en continu.

Vous savez tout : nous vivons dans un monde où nous faisons bouffer de l'agonie aux gens.

Le jambon pas cher que vous achetez est peut-être issu de ces truies qui restent constamment allongées sur un flanc, dans des cages de contention, leurs porcelets tétant leurs mamelles nécrosées pendant quelques jours à peine avant d'en être séparés.

Peut-être que votre côte de porc, achetée sous-vide, vient d'une bête castrée à vif (passage obligé dans une usine d'élevage), la queue coupée à vif et les dents limées. À vif, bien sûr.

Le petit veau du dimanche, servi en rôti, a peut-être été amputé de ses cornes, sans anesthésie évidemment. Il aura peut-être vécu avec des troubles respiratoires et digestifs ou aura « vécu » collé à d'autres veaux morts, sachant que 10 % des petits ne peuvent survivre dans de telles conditions. Peut-être que ce veau a été sevré en un jour. Un jour. Vous rendez-vous compte ? C'est un bébé que vous mangez.

Je ne m'arrête pas là.

Peut-être que certains laits proposés à vos enfants sont issus de vaches atteintes de mammite, cette inflammation des pis qui touche toutes les bêtes à qui on ne laisse aucun répit. La sensibilité du pis rend la traite particulièrement douloureuse pour la vache et l'inflammation entraîne un écoulement de pus qui se retrouve dans le lait consommé.

Peut-être que l'agneau du gigot ne pouvait plus bouger à la base, à cause de sa pneumonie ou de ses problèmes d'articulations, qu'il n'a pas eu le temps d'apprendre à marcher, qu'il était détenu dans un endroit si petit qu'il ne pouvait pas s'asseoir.

Peut-être que le suprême de poulet servi au restaurant avait des pattes qui ne pouvaient plus le porter, car on réussit à faire grossir un poussin en trois semaines.

Peut-être que le magret, sauce aigre-douce, aura souffert de problème de foie, de cœur et de diarrhées. Pourquoi ? Parce que les volailles sont gavées perpétuellement.

Peut-être que l'œuf à la coque n'aura pas le jaune vif et brillant de l'œuf de la poule qui aura couru dans une herbe verte, en plein air. Peut-être qu'il aura ce jaune bizarre, terne, industriel des poules immobilisées à vie, les os en miettes.

Dans l'idée de commencer à faire stopper d'autres sévices, j'ai obtenu en 1996, auprès du ministre de l'Agriculture, l'interdiction de la caudectomie pour les chevaux. Cette mutilation douloureuse consistait à sectionner les vertèbres caudales, leur couper la queue à vif, simplement dans une démarche esthétique, par snobisme et par connerie.

Mais la lutte est longue et très difficile. Car l'élevage intensif est un système pourri. C'est un capitalisme inhumain. Les animaux sont des machines : entassés, poussés à produire puis abattus. Les animaux sont des ouvriers esclaves qui n'ont le droit de rien. Du coup, ils sont incapables de marcher correctement, encore moins de courir ou de voler. Ils sont interdits de se fréquenter, de se reproduire car ils sont inséminés artificiellement. Ils n'ont même pas le droit de garder leur intégrité physique : comme je l'ai dit, on leur coupe leurs queues, leurs becs, mais aussi leurs ailes, leurs griffes, leurs couilles, leurs dents...

Les animaux de ferme sont considérés comme des êtres sensibles dans la loi. Mais pas pour prendre en compte leur manque d'oxygène et de lumière naturelle, leur détresse quand ils sont arrachés à leur mère. La notion de vie dans ces élevages est inexistante. On s'en fout. Ce sont des usines de chair et de viande, pas des centres de remise en forme.

L'élevage intensif, c'est le viol de la dignité de l'être vivant qu'est l'animal. Et c'est la Honte de l'être que l'Humain est devenu.

Qui sont les ennemis des animaux ?

L'homme prédateur et dominant

Je ne me suis jamais posé la question de la supériorité ou de l'infériorité de telle ou telle espèce ou de tel ou tel être. Même s'il faut bien l'avouer, certains sont plus doués que d'autres. Dans le monde des animaux, l'homme a su développer son intelligence pour adapter son environnement. Et quand un individu est évolué, il a des devoirs à l'égard des êtres sans défense et sans parole. Puisque nous avons un avantage, nous devrions nous en servir pour les protéger et non les torturer.

Le « spécisme »

On entend beaucoup le mot « spécisme » aujourd'hui, le fait de donner plus d'importance à telle espèce plutôt qu'à une autre. Cela ne devrait pas exister. Cela s'apparente pour moi à du racisme animalier. Car ce n'est pas comme cela qu'il faut réfléchir. L'homme n'est pas supérieur aux animaux. C'est une évidence physique, naturelle, émotionnelle. Comme je l'ai dit plus haut, l'homme a des facultés intellectuelles inégalées, mais ces dernières ne nous donnent pas des droits sur les autres espèces vivantes. Là est l'injustice. Là est la faute. Ce mot « spéciste », je le trouve compliqué, mais il définit bien une réalité, car il fait entendre une sorte « classement » entre les bêtes.

Quelque chose me choque horriblement : ce que les gouvernements et les chasseurs appellent les « nuisibles ». Sous prétexte qu'un animal mange ce que chasse le chasseur, il est appelé nuisible. Les chasseurs nous expliquent que ces animaux font des dégâts sur les activités agricoles et sur la faune et la flore... On le saurait si ces gens étaient des militants écologiques ! En réalité, ils reprochent aux « nuisibles » d'être autant prédateurs qu'eux sur les faisans, les lièvres et autres gibiers. Un renard, une pie, un corbeau, un ragondin, un sanglier par exemple, sont des nuisibles, parce qu'ils dérangent l'homme et c'est tout ! Donc celui-ci a la possibilité de le tuer toute l'année, en dehors des périodes de chasse, n'importe où, n'importe quand et n'importe comment. Cela va du tir tout simple au fait de le piéger, de le déterrer. De manière très cruelle, lors de déterrages de renards, on envoie des chiens dans les terriers et, lorsque l'animal sort en panique, le chasseur le tue à bout portant !

Grouper les animaux dans des catégories, c'est du spécisme. C'est non seulement considérer que l'être humain est supérieur à l'être animal, mais aussi et surtout établir une hiérarchie entre animaux, par rapport à nos besoins. Un chien est plus important qu'une vache, un lion est mieux vu qu'un cochon, un rat est moins respecté qu'un dauphin. Telle bête est rangée dans la case domestique, telle autre dans la boucherie, les loisirs, les animaux sauvages... Pour moi, ils se valent, ils sont tous pareils. Nous ne sommes que des êtres sur des millions d'êtres sur Terre et nous avons décrété que seule notre race déciderait pour les autres.

Tous les animaux qui sont autour de moi ont une place à part. Je caresse mon cochon comme je caresse ma poule, mon chat ou mon chien. Quand on vit au quotidien et en symbiose avec ses animaux, on n'imagine pas les échanges sans fin qui peuvent se produire... Autrefois, j'avais accueilli des poules à Bazoches : chaque jour, l'une d'elles montait le petit escalier qui conduisait à ma chambre pour y pondre un œuf d'une propreté irréprochable sur mon oreiller... On pourrait penser qu'une poule n'a rien à faire dans un lit et un cochon dans une cuisine, alors que dirait-on de cette chèvre qui a dormi avec moi dans une chambre d'hôtel au cours d'un tournage ? Même si, au quotidien, je dors avec mon chien et pas mon cochon, ce n'est pas parce que le premier est supérieur au second, c'est juste que mon chien est mieux intégré à mon plumard que mon cochon ! Toutes les espèces partagent les mêmes qualités : ils ressentent la caresse et la douleur, ils ont besoin de liberté, ils ont besoin des autres. Même les plus solitaires.

Le droit du plus fort

Quand on se trouve dans une position supérieure aux autres, le pire c'est le droit que l'on se donne sur eux. Et aujourd'hui, l'homme se donne tous les droits. Il ne fait pas que se nourrir, il gaspille, il ne fait pas que s'habiller, il pille, il ne fait pas que s'amuser, il pervertit. Le supplément de raison que l'humain possède par rapport aux animaux devrait nous faire dépasser ce côté prédateur, parce que le combat n'est pas mené à armes égales. Notre force d'aujourd'hui n'est pas physiologique : si un homme se bat à mains nues avec un ours, je peux parier qu'il ne gagnera pas ! Notre force d'aujourd'hui, c'est notre faculté mentale, notre intelligence technique qui font que nous nous adaptons en toutes circonstances. Grâce aux moyens de défense et d'attaque hypersophistiqués, nous pouvons maintenant soumettre n'importe quel être vivant. L'être humain est le plus grand des prédateurs, mais nous sommes les seuls à avoir atteint un tel degré de perversité : la tuerie de masse et à grande échelle des animaux en est une, l'homme exploite les autres, au-delà de ses besoins de survie. Il n'y a plus de limites, il n'y a plus de mesures.

« L'homme est au centre de la Terre, il est le maître du monde, la nature est donc sa ressource » : tout cela est intolérable. Le documentaire *Home*[1] montrait très bien la folie possessive de l'homme, la destruction progressive de la Terre, le vol et le viol de toutes ses richesses, ses superficies et ses sous-sols. La possession est un trait humain terrible, on en veut toujours un peu plus : la Terre est devenue un gruyère. Cette folie est primaire. La planète ne peut plus absorber tous ces êtres humains qui saccagent tout. Celles et ceux qui détruisent la flore sont les mêmes que ceux qui détruisent la faune. L'homme a plus ou mieux évolué que les autres ? Oui. Il a des capacités de génie constructif. Oui. Mais destructif aussi. Nous avons tous une histoire commune. Nous descendons du même Tout, du même arbre. Et je fais mienne cette règle d'or : un équilibre doit se faire entre la nature, l'animal et l'homme. Et si cet équilibre se brise, la chaîne écologique du monde ne fonctionnera plus. Et l'homme en sera la première victime.

---

1. *Home*, documentaire écrit et réalisé par Yann Arthus-Bertrand, 2009.

La religion

La religion est loin d'être tendre avec les animaux. Leur image dégradée et dégradante qui circule dans nos cultures provient aussi des textes et des dogmes religieux.

Moi-même, je ne me suis jamais sentie à l'aise avec l'idée de religion. Je préfère une spiritualité libre, un rapport direct avec le Ciel. J'ai très peu lu la Bible, tous ces textes me barbent. J'aime les Lieux saints parce qu'ils sont beaux. Comme je l'ai dit, c'est l'esprit qui m'anime, ce vers quoi il tend. Le reste, les lois, les conseils et les confessions des hommes, je m'assieds dessus. Mais je comprends que certaines personnes, désespérées ou pas, aient besoin de croire.

Cette idée de transcendance est présente dans mon rapport personnel avec la Sainte Vierge. Cette foi est si nourrie que nous avons un lien très proche, elle et moi. C'est venu petit à petit. Si bien qu'aujourd'hui, je vais à sa rencontre naturellement, comme je le ferais auprès d'une grande amie, ou d'une mère. Je lui parle sans détours, sans bla-bla, parfois même, je ne prononce aucun mot : je lui parle avec le cœur. Je lui dis quand cela ne va pas, je lui détaille les circonstances de mon mal-être, je lui raconte mes trucs et mes machins. Je lui confie mes peines, mes joies, mes espoirs, mes fureurs. Je dialogue avec elle comme dans la vraie vie, dans le cadre d'un échange, plus que dans celui d'une requête ou d'une supplique. Il y a longtemps, j'ai fait construire une petite chapelle à La Garrigue, je n'y vais plus qu'en de rares occasions. Elle est perchée sur une colline, inondée de thym, de pins, de cistes et de térébinthes. Le sentier est caillouteux, l'emprunter s'apparente aujourd'hui à un vrai chemin de croix pour moi, avec mes petites béquilles. Mais j'aime m'y rendre car je peux y délivrer une parole franche à la Vierge. Un jour, j'étais là-haut avec mes chiens et Bernard m'entendit crier, j'étais en pétard, et il me demanda : « Contre qui es-tu en colère ? » Je lui répondis : « Contre ma Petite Vierge... » Elle ne m'avait pas aidée comme elle aurait dû le faire dans un moment difficile.

La Sainte Vierge me soutient depuis longtemps. C'est une présence intime et bienveillante. Je suis soutenue par cette idée de douceur, de pureté, de luminosité qu'elle inspire, de générosité sans condition aussi et de protection maternelle. Elle aussi a souffert sur terre. La seule douleur qu'elle ait vraiment vécue est la perte et la crucifixion de son fils, c'est énorme, cela me touche. La douleur dans la chair, elle l'a connue, alors elle ne peut qu'être sensible à celle des autres. Quand je perds un animal et que je suis profondément triste, je demande à Marie de m'aider. Elle me protège, je sais qu'elle me protège. Avec tout ce que j'ai traversé dans mon existence, les folies de vie, les désirs de mort, je sais qu'elle était là. Oui, elle répond à mes appels, car dans la mesure où je passe finalement les épreuves qui me sont imposées, je pense que je suis aidée. Si elle ne m'avait pas accompagnée de sa miséricorde au moment voulu, je serais morte depuis longtemps. J'en suis convaincue.

J'ai eu une éducation religieuse, j'ai fait ma première communion, je suis allée au catéchisme et chez les bonnes sœurs. Mes parents étaient croyants et pratiquants. Mais je me tiens à distance de l'idée de religion et de sa hiérarchie. Les « ministres de Dieu » ont souvent été décevants. Sauf de rares exceptions, comme le père Pestre, l'un de mes grands amis, fondateur du refuge Saint-Roch de Marseille, qui organisait des manifestations contre les barbaries faites aux animaux et partageait la quête de ses messes avec eux. Aujourd'hui, je suis en relation avec un religieux alsacien qui tient une petite chapelle avec « trois-francs-six-sous » et a fait construire un jardin pour y faire enterrer les animaux.

La religion m'évoque toujours de l'immobilisme. Les structures n'évoluent pas et les hommes y semblent statiques. Elles n'ont rien fait pour nous aider à aimer les animaux, les plantes, la nature. Au contraire, elles nous poussent à nous ériger toujours plus en dominateurs. Dans la Bible, l'homme règne sans concession sur les végétaux et les animaux et à aucun moment ceux-ci bénéficient d'une âme. Seul l'homme porte cet atout, car, selon les Écritures, il a été façonné à l'image de Dieu : il est donc au-dessus de tout. Le droit de gouverner l'ensemble de la création, d'user et d'abuser des espèces découle de cette supériorité divine. Dans la Bible, les animaux ne sont pas encore des machines, mais presque. Leur existence ne réside que dans leur coopération avec l'homme, leur mort est un moyen de domination ou de purification. Pour preuve : l'idée du sacrifice. On a toujours usé des animaux pour louer le Seigneur, Abraham lui-même s'est servi d'un bélier comme substitut à son fils Isaac que Dieu venait de gracier. Soit dit en passant, je me suis toujours demandé quel était ce Dieu que l'on disait bon et qui laissait une bête innocente se faire tuer... Le troupeau était la plus grande richesse d'une famille et faire l'offrande de bétail au divin était considéré comme une marque de dévouement, les hommes étaient ainsi lavés de leurs péchés. Même chose pour le bouc émissaire que l'on chargeait de tous les péchés humains pour être envoyé dans le désert.

Malheureusement, nous n'avons pas abandonné cette idée de sacrifice animal. L'agneau est toujours tué à Pâques, comme le mouton lors de l'Aïd el-Kébir. Depuis toujours et jusqu'à aujourd'hui, on pense que le sang versé d'une victime innocente donne de la valeur à une fête, à un rite, à un pardon. Pourquoi ne pas opter pour une autre tradition lors de ces dates ? Parce que c'est une habitude, une mauvaise habitude. Et puis aujourd'hui, le sang est versé très loin, dans l'horreur des abattoirs. Et le sacrifié ne ressemble plus à un agneau embroché sur un feu de bois mais à un gigot ficelé que l'on enfourne avec des petits légumes. Sans le savoir, tous les gens qui dégustent le gigot de Pâques sont complices de l'idée de sacrifice de l'Agneau de Dieu. « Agneau de Dieu qui enlève le péché du monde », dit le chant... Mais si toutes les familles devaient aujourd'hui tuer leur propre bête pour manger, je vous assure que le nombre de végétariens exploserait. Ce qui me fait penser à cette histoire : un jour, alors que l'écrivain Tolstoï partageait un repas avec sa famille, sa vieille tante trouva un poulet vivant et un couteau à sa place. Cette femme avait signifié à l'auteur, végétarien, qu'elle souhaitait manger de la viande lors du repas : Tolstoï lui expliqua que, si elle voulait dîner de la volaille, elle n'avait qu'à la tuer elle-même !

S'occuper des animaux suppose une vraie charité spirituelle, au même titre que de s'occuper des plus faibles. Et si je me sens tant éloignée de l'idée de culte, c'est parce qu'elle porte une grande violence en elle : les règles, les interdits sont drastiques. La liberté n'existe pas dans la religion, l'organisation de chaque confession est sectaire, les gens sont montés les uns contre les autres, défendent leur pré carré, chacun se croit dépositaire de la Vérité. D'autant plus que les textes sont contradictoires. Dans le cas des animaux, par exemple, certains écrits encouragent leur sacrifice sans état d'âme, quand d'autres refusent le martyr...

La religion, ou plutôt la philosophie la plus respectueuse des animaux reste l'hindouisme. En tant que végétarien, Gandhi a toujours insisté sur le fait que manger de la viande donnait le goût du sang. Je conçois la même chose : être carnivore rend carnassier. Il n'y a qu'à observer les divergences de comportements entre les carnivores et les herbivores dans le monde animal. Les biches, cerfs, moutons et éléphants font partie des espèces les moins agressives, au contraire des lions, requins et certains reptiles qui vivent dans un rapport de force effréné. Un mangeur de viande doit tuer l'autre pour se nourrir, donc il doit se situer dans une domination sans scrupule.

En fin de compte, si la religion trouve grâce à mes yeux, c'est au travers de ses symboles. Celui de saint François d'Assise, bien sûr, me touche. Cet amoureux de la création divine avait choisi le dénuement et parlait aux oiseaux. Lorsque j'ai eu l'occasion de lire la vie de saint François, j'ai été frappée par son choix crucial, sa décision radicale de tout quitter. Lui qui était issu d'une riche famille de marchands italiens a bénéficié d'une révélation et, du jour au lendemain, il s'est foutu à poil en disant : « Maintenant, je ne veux plus rien de matériel. » Il a endossé une tunique, ceinturée par une corde à la taille, et il s'est délesté de tous ses beaux atours. Il a vécu pieds nus, proche de la nature et des animaux. Un jour, il s'est rendu dans la petite cité de Gubbio, où les habitants avaient peur d'un loup rôdant dans les environs. François est allé à la rencontre de l'animal pour faire la paix avec lui et est ensuite retourné dans la ville, accompagné du loup.

Cette histoire de dialogue avec l'animal, de reconnexion entre l'homme et la nature est magnifique. Saint François d'Assise parlait de pitié pour toutes choses. Ce saint est un modèle spirituel pour moi, l'idée du dépouillement, de l'oubli de soi pour le don à l'autre consolide mon propre cheminement. Comme chacun sait, tout ce que j'avais de plus précieux est parti dans une vente aux enchères au profit de ma Fondation, je trouve cela rassurant que les choses les plus belles se transforment, plutôt que de gésir dans un coffre-fort. L'abandon du matériel pour le spirituel : voilà le meilleur chemin vers la sagesse. D'autant plus si le sage est escorté d'animaux ! François d'Assise a véhiculé une spiritualité de compassion, sans distinction d'espèces, c'est pour cela qu'il est le patron de la cause animale et mon guide. En revanche, je n'irais pas jusqu'à me balader en robe de bure sur le ponton de La Madrague...

Mes correspondances avec les responsables religieux ont toujours été variables, d'un homme à l'autre. J'ai eu le bonheur de rencontrer Jean-Paul II en 1995. J'avais été dépêchée comme porte-parole par plusieurs associations de protection animale pour faire le voyage au Vatican. Je garde le souvenir d'un homme très chaleureux, un représentant doux, bienveillant et charmant. Lors d'une audience publique, je lui ai demandé de penser à la souffrance animale dans le monde et de faire passer un message pour que les hommes n'abusent plus de leur force sur eux, par intérêt et par profit. Le pape opinait de la tête et me répondit : « *Si, si, ci penso io, ci penso.* » La rencontre étant publique, je n'avais pas beaucoup de temps de parole, il m'a pris les deux mains et m'a regardée dans les yeux. J'ai senti quelque chose de puissamment émouvant passer entre lui et moi. Il ne semblait pas travailler son image, comme beaucoup de personnages officiels, il était à l'intérieur de lui, et non dans une représentation extérieure. En quelques secondes, j'ai pu reconnaître en Jean-Paul II la profondeur que je recherche tant dans mes rapports avec l'Autre humain.

Ma relation avec le pape François est plus compliquée aujourd'hui. Il y a beaucoup d'incompréhension entre nous, d'autant plus que l'échange n'a jamais été direct, ce qui brouille un peu plus les choses. L'une de ses premières encycliques en tant que souverain pontife, *Laudato si'* en 2015, faisait explicitement référence au chant de saint François d'Assise, « Laudato si', mi' Signore » (Loué sois-tu, mon Seigneur). Le texte du pape était un hymne à la création et un cri d'alerte pour la protéger.

Ainsi, durant deux années, je lui ai écrit pour le jour de la Saint-François d'Assise, le 4 octobre. Je lui suggérais de profiter du nom si symbolique qu'il avait choisi pour consacrer une journée aux animaux. En guise de réponse, je n'ai reçu qu'une lettre d'un collaborateur qui me remerciait. Je lui ai alors réécrit. En vain. L'année d'après, de nouveau, je lui ai fait part d'un petit mot en lui rappelant qu'il n'avait jamais considéré les deux premiers. Un émissaire me fit alors savoir, par voie orale, que le pape François préférait s'occuper de la cause des hommes avant celle des animaux et qu'il n'était pas d'accord avec mon positionnement politique. J'étais choquée et désespérée. Il est vrai que, dans cette missive, je m'étonnais qu'il favorisât la migration musulmane au détriment des chrétiens du Moyen-Orient qui sont en grand danger[1]... Je crois que cela a parasité notre éventuel dialogue. Mais je pensais

---

1. Lettre de Brigitte Bardot au pape François, 28 septembre 2017.

que François était au-dessus de tout cela. Si lui aussi est politisé, s'il fait passer ses considérations personnelles au-dessus d'une évidence humaine, cela me paraît sectaire. La compassion du pape François est centrée sur l'homme, c'est une chose, mais la considération animale est révélatrice du rapport que l'homme entretient avec toutes formes de vie terrestre. Je lui parle du respect de la création et des créatures de Dieu et lui me remet dans cette insupportable idée de hiérarchie entre les êtres ! Ces échanges ont été clôturés par une lettre du pape, en octobre 2017, où il m'écrivit notamment : « Le cœur est unique et la même misère qui nous porte à maltraiter un animal ne tarde pas à se manifester dans la relation avec les autres personnes. » Je regrette que ces propos n'aient pas été diffusés plus largement.

S'agissant de l'abattage rituel, qui concerne les religions juive et musulmane et qui reste l'un de mes grands combats, je n'ai jamais eu l'occasion de rencontrer des responsables juifs. À plusieurs reprises, j'ai fait une demande d'audience au Grand Rabbin de France, mais cela m'a toujours été refusé. Je veux ici préciser une chose : l'alimentation casher pour les juifs et hallal pour les musulmans ne me dérange évidemment pas, tant que cette prescription n'impose pas la souffrance d'un animal égorgé à vif. Officiellement en France, l'abattage rituel ne peut s'exercer qu'au sein d'un abattoir par des sacrificateurs habilités par des organismes religieux agréés[1]. Concernant la viande hallal et les fêtes religieuses

---

1. Législation concernant l'abattage rituel (sources site OABA) : a) L'abattage rituel ne peut s'exercer que dans un abattoir. La méconnaissance de cette obligation expose l'auteur de l'abattage et le donneur d'ordre au prononcé d'une peine de nature délictuelle : 6 mois d'emprisonnement et 15 000 € d'amende (article L. 237-2 I du code rural).

incluant le sacrifice animal, comme l'Aïd el-Kébir, j'ai rencontré Dalil Boubakeur et le Grand Mufti à la Mosquée de Paris le 11 février 2004. Ce rendez-vous figure parmi les plus importants de ma vie, d'une part parce que je m'immergeais quelques heures dans une culture que je ne connaissais pas, et d'autre part parce que j'avais le sentiment que des millions de vies animales dépendaient de ce moment. Mon but était de convaincre le recteur de la Mosquée de Paris du bien-fondé de l'électronarcose, méthode étourdissant l'animal sans le tuer, pour pouvoir pratiquer un égorgement sans douleur lors de sacrifices rituels. L'islam ordonnant qu'un animal soit vivant au moment de la saignée, je devais faire preuve de

---

Quant à ceux qui mettent à disposition leurs locaux, terrains, installations, matériels ou équipements, en vue de procéder à un abattage rituel en dehors d'un abattoir, ils commettent une contravention de 4ᵉ classe (article R. 215-8 II 7° du code rural).
b) L'abattage rituel ne peut être effectué que par des sacrificateurs habilités. Les sacrificateurs doivent être habilités par des organismes religieux agréés : la Grande Mosquée de Paris, la Mosquée de Lyon et la Mosquée d'Évry pour l'abattage rituel musulman ; le Grand Rabbinat pour l'abattage rituel juif.
Tout abattage rituel effectué par une autre personne qu'un sacrificateur habilité constitue une contravention de 4ᵉ classe (article R. 215-8 II 10° du code rural).
Tout sacrificateur doit pouvoir justifier de son habilitation à pratiquer des abattages rituels, sous peine de se voir infliger une amende de 3ᵉ classe (article R. 215-8 III du code rural).
c) Les animaux doivent être immobilisés avant et pendant leur saignée. Si l'étourdissement des animaux n'est pas obligatoire avant leur mise à mort, l'article R. 214-74 du code rural impose cependant que les animaux des espèces bovine, ovine et caprine soient immobilisés par un procédé mécanique (ce qui écarte toute contention manuelle ou à l'aide de liens). Cette contention mécanique précède la saignée et doit être maintenue pendant la saignée jusqu'à la mort de l'animal.
À défaut, une contravention de 4ᵉ classe est constituée (article R. 215-8 II 4° du code rural).

rigueur et de justesse. Je lui expliquai que je comprenais cette règle et pensais que nous pouvions trouver un terrain d'entente entre la tradition religieuse et le respect animal. Le mouton pouvait être égorgé vivant, mais inconscient par l'électronarcose, et cela n'entraverait en rien le rite musulman pour la viande hallal. C'est cet énoncé que je fis à Dalil Boubakeur qui m'écoutait avec beaucoup d'attention et de gentillesse. Son intelligence et sa grande foi l'amenèrent à comprendre ma requête qu'il accepta sur-le-champ, à l'image du mufti qui l'accompagnait et qui se faisait traduire mes paroles par le recteur. Les deux hommes se parlaient et je me tenais devant eux, en larmes. Ils acceptèrent le principe d'une saignée sur un animal inconscient, car le Coran ne l'interdisait pas. Ce jour m'a confortée dans l'idée que, quelle que soit la religion à laquelle on appartient, le langage de la compassion appartient à tout un chacun, ce qui me sera confirmé lors des nombreux autres échanges que j'ai eus avec Dalil Boubakeur, car, par la suite, nous sommes longtemps restés en contact, au moyen de courriers ou d'appels.

Après notre discussion, ce 11 février 2004, Dalil Boubakeur a convoqué la presse dans une grande salle de la Mosquée de Paris. Il a signifié aux journalistes présents qu'il acceptait le principe de l'étourdissement des bêtes avant l'égorgement et qu'il appartenait désormais à l'État de légiférer. Ce fut un immense moment de soulagement, je suis ressortie des lieux le cœur plus apaisé que jamais...

Mais cette paix fut de courte durée car les bonnes intentions sont restées sans suite. Sans suite politique. Le 5 octobre 2005, j'obtenais, enfin, un entretien avec Nicolas Sarkozy, alors ministre de l'Intérieur en charge des Cultes. Et j'ai tout déballé. La loi française devait nous suivre, rendre obligatoire l'électronarcose dans tous cas d'abattage. Plus aucune dérogation ne devait subsister concernant le sacrifice animal en France. Nicolas Sarkozy m'assura les yeux dans les yeux qu'il allait réunir les chefs musulmans et que le débat serait tranché sous huit jours. 4 046 jours plus tard, à l'heure où ces lignes sont écrites, les animaux se font toujours trancher la gorge à vif dans le cadre de l'abattage rituel. Notre pays laïc est l'un des derniers États européens à faire bénéficier les sacrificateurs d'un statut particulier pour égorger les animaux en toute conscience dans les abattoirs français, mais le rythme effréné dans les chaînes d'abattage oblige à égorger n'importe comment, d'où des ratages, des animaux vivants en cours d'éviscération, etc. L'Autriche interdit l'égorgement à vif, sans dérogation, il en est de même pour le Danemark, l'Estonie, la Finlande, la Grèce, l'Islande, la Norvège (hors UE), les Pays-Bas, la Suède, la Suisse (hors UE). Au Luxembourg, des dérogations peuvent être délivrées par le ministre de l'Agriculture et, à ce jour, ce dernier n'en a rien fait. Enfin, l'interdiction belge d'abattre des animaux sans étourdissement en Wallonie est datée pour juin 2018, en Flandre pour septembre 2019.

La tradition

Ah... la tradition, prétexte infini des pires bourreaux, meurtriers et indifférents à la souffrance animale. Fable paresseuse des commentateurs qui n'osent pas s'attaquer à un rendez-vous culturel cruel tant qu'il s'agit de coutumes ancestrales. Cette inertie est scandaleuse. Ce laisser-faire accorde aux défenseurs de ces traditions un permis de tuer inattaquable. Cette tradition-là est une insulte à l'idée de progrès dont l'humain se targue.

Manger un foie malade :
c'est la tradition ?

Honneur à la France dans ce tableau de l'inconcevable avec l'une des « fiertés » françaises, car inscrite au patrimoine culturel et gastronomique de notre pays : le foie gras. La fabrication de ce mets festif cache en réalité un martyre abominable. Les oies et les canards sont gavés afin qu'ils contractent une pathologie du foie comparable à une cirrhose : la stéatose hépatique. Les volailles sont suralimentées, deux fois par jour, et totalement immobilisées de manière à laisser le coup et le bec apparents. Puis on les entube en introduisant un tuyau dans leur œsophage. Les bêtes sont bourrées de grains, de maïs, d'une bouillie farcie de lipides nécessaires à l'engraissement. Ce qu'elles ingurgitent est l'équivalent de 20 kg de pâtes par jour pour un être humain. Et lorsque leur foie atteint un volume dix fois plus imposant que la normale, les palmipèdes sont si gros qu'ils peinent à marcher. Les tables françaises les plus luxueuses, les repas familiaux des fêtes de fin d'année sont entachés de ce produit qui n'est rien d'autre qu'un foie torturé. Les conditions de détention, les techniques de gavages blessantes et traumatisantes pour hypertrophier le foie sont telles qu'aucune oie, aucun canard ne pourraient survivre. Le foie gras est une maladie dont les cons se régalent.

En janvier 2016, la Fondation avait soutenu la proposition de loi de la députée Laurence Abeille, auprès de l'Assemblée nationale, pour interdire le gavage. Parmi les soutiens de cette cause, le professeur et protecteur des animaux, Donald M. Broom, était venu présenter un rapport scientifique qui détaillait les conséquences néfastes du gavage sur les canards et les oies.

Également présents à cette conférence : Michel Vandenbosch, le président de l'association belge GAIA (Groupe d'action dans l'intérêt des animaux), et Christophe Marie, de ma Fondation bien sûr, qui avait présenté le bilan d'un sondage Ifop. À la question : « Pour produire du foie gras, sachant qu'il existe des alternatives, seriez-vous favorable à l'interdiction du gavage ? », 70 % des Français avaient répondu OUI[1].

C'est le paradoxe de la tradition : quand on interroge les gens, les vraies, et non les lobbies et les militants de telle ou telle cause, on s'aperçoit que les coutumes supposant la souffrance d'un animal sont jugées archaïques et dépassées par le public.

Torturer un taureau dans une arène : c'est la tradition ?

Les dérogations permettant de supplicier un animal ne sont pas uniquement présentes dans le cas des abattages rituels. Pour certains combats d'animaux aussi. C'est ainsi qu'après avoir été illégale pendant un siècle, jusqu'en 1950, la corrida jouit aujourd'hui d'une situation d'exception en France. Le code pénal condamne les sévices graves et les actes de cruauté envers un animal[2]. Mais ces dispositions ne concernent pas les courses de taureaux et les « traditions locales ininterrompues ».

---

1. Sondage Ifop pour la Fondation Brigitte-Bardot, « Les Français et la pratique du gavage », juin 2016. http://ifop.fr/media/poll/3274-1-study_file.pdf
2. Article 521-1 : « Le fait, publiquement ou non, d'exercer des sévices graves, ou de nature sexuelle, ou de commettre un acte de cruauté envers un animal domestique, ou apprivoisé, ou tenu en captivité, est puni de deux ans d'emprisonnement et de 30 000 euros d'amende. »

La tradition, tant qu'elle est ancienne, justifie donc la jouissance d'un public sadique, avide de sang, excité par les piques cisaillant les muscles du taureau, enivré par les souffles haletants de ce dernier quand les banderilles sont plantées dans son dos ou sa cage thoracique, provoquant d'insoutenables hémorragies internes.

La tradition de la corrida stimule la cruauté humaine.

Le débat autour de ce sacrifice taurin est sans fin. En juillet 2016, pourtant, nous avions eu un espoir : la corrida était enfin radiée du patrimoine immatériel de la France, elle n'était plus un sanctuaire intouchable. Les espaces français où ce spectacle est toujours toléré sont aujourd'hui situés entre le pays d'Arles et le Pays basque, entre la Provence et la Méditerranée, entre les Pyrénées et la Gascogne, les Landes, le Languedoc. Et en Espagne, l'interdiction des corridas en Catalogne a été annulée. Ma Fondation est évidemment très présente dans la bataille contre cette tradition sadique. En 2011, nous avons mené une action dans les arènes de Rodilhan, dans le Gard, pour tenter d'empêcher la mise à mort de six veaux. Les militants formaient un cercle pacifiste au centre de la piste. Ils ont été horriblement brutalisés par des *aficionados*. De même, en 2013, nous avons coorganisé une action à Rion-des-Landes. Christophe Marie, qui dans ces deux cas faisait partie des militants ayant sauté dans l'arène, a été lourdement condamné. C'est pour moi une flagrante injustice, les coupables qui torturent à mort un animal pour le plaisir de quelques pervers sont couverts par les politiques et la justice, alors que les opposants de ces jeux du cirque sont traînés devant les tribunaux, c'est désespérant...

J'ai moi-même assisté à une corrida à Séville, lorsque je tournais *La Femme et le Pantin*[1]. Étant déjà sensible aux animaux, on m'avait encouragée à voir ce genre de spectacle pour savoir ce que je dénonçais déjà à cor et à cri. Toute la durée du spectacle fut un calvaire, pour le taureau assassiné bien sûr et pour moi-même. J'avais envie de vomir, ce genre de nausée qui vous monte à la gorge et vous donne des sueurs froides. Mes mains étaient moites, j'étais horrifiée, scandalisée et incapable de sauver l'animal qui se faisait transpercer devant mes yeux. Pendant ces longues minutes de « jeu », de torture puis de mise à mort, je me suis sentie plus que jamais complice de la cruauté. Je n'ai jamais eu aussi honte de moi qu'à cet instant. Comme une personne indigne et sale, j'étais sagement assise dans les gradins de cette arène, noyée dans une foule hystérique qui gueulait ses « bravos » et ses « vivats », comme s'il s'agissait d'un héros que l'on saluait et honorait. Durant cette interminable corrida, j'ai éprouvé la différence qui fut toujours la mienne : définitivement, j'étais inadaptée à ce monde qui contemplait l'agonie d'un être vivant avec gourmandise. En observant le cadavre de ce taureau, qui était pourtant bien vivant, majestueux et fier vingt minutes auparavant, j'ai cru que j'allais descendre et m'agenouiller sur le sable souillé pour le prendre dans mes bras. Le corps ensanglanté, perforé de toutes parts par les banderilles, fut traîné par des chevaux jusqu'à ce qu'il disparaisse dans les coulisses. Ce martyr innocent qui quittait le lieu de son exécution me blessa à jamais. Je venais de perdre beaucoup de mon innocence et de ma vie. Mon ami avait eu raison : j'avais besoin d'être témoin d'un tel drame pour nourrir

---

1. *La Femme et le Pantin*, film réalisé par Julien Duvivier, 1959.

cette rage, cette force, ce militantisme anticorrida qui est encore le mien aujourd'hui.

Tuer pour le loisir : c'est la tradition ?

Comment légaliser un meurtre ? En l'appelant « chasse ». Tuer peut être un plaisir, tuer peut être un loisir. En France, la chasse est considérée comme un divertissement, un sport récréatif. Et pour moi, c'est un combat de longue date.

Les chasseurs m'ont donné la nausée très tôt dans ma vie. Cet écœurement a donné lieu à des confrontations multiples et bien souvent dans un cadre « amical ». Dans *Initiales B.B.*, j'ai raconté cette partie de chasse à laquelle j'avais participé avec Vadim, au début de notre mariage. Il avait été envoyé par *Paris Match* pour faire un reportage chez la vicomtesse de Luynes. Lui y voyait l'occasion de faire des mondanités avec des gens qu'il considérait « charmants ». Moi, j'étais très jeune, mais tout cela m'ennuyait déjà profondément. D'autant plus que l'occasion qui nous réunissait ce jour-là était plus que morbide. Je me suis rendue dans la forêt, alors qu'une chasse à courre sévissait. De toutes parts, j'entendais les cors, les chevaux galoper et les chiens aboyer. Et je me souviens très bien d'avoir pensé qu'il fallait que je trouve un moyen de détourner l'attention de chasseurs, qu'ils me prennent, moi, en cible et non ce pauvre animal traqué. Je me disais : Si je me mets à courir, ils penseront que c'est moi, l'animal à abattre... J'ai pleuré toutes les larmes de mon corps contre un tronc d'arbre, en suppliant qu'on laisse le peuple de la forêt en paix. En vain. Le soir, un cerf gisait, en sang, dans la cour du domaine. Furieuse et comme dépossédée moi-même d'une vie qu'on avait retirée à ce si bel animal, je fuyai cette maison de l'horreur.

Plus tard, lorsque j'avais quarante-quatre ans, mon amie et voisine à Bazoches, Yvonne, m'avait conviée à un dîner avec, entre autres, Nelly Guerlain et son mari que je ne connaissais pas. Le genre de soirées tirées à quatre épingles où les invités échangent des banalités... Jusqu'à ce que Mme Guerlain commence à nous faire partager ses mésaventures de chasse. Elle nous raconta qu'elle avait eu beaucoup de mal à déloger un cerf qui s'était réfugié dans un étang, lors de l'une de ses dernières chasses à courre. Elle dut elle-même entrer dans l'eau glacée, le larder de coups de couteau, pendant que le chien le dépeçait vivant. Résultat des courses : la pauvre Nelly Guerlain avait attrapé la grippe... Ne pouvant entendre cette horreur, je demandai poliment que l'on change de conversation, mais Nelly Guerlain continua et, cette fois-ci, pour évoquer son impressionnant tableau de chasse de faisans. Face à cette indifférence, ou pis, cette provocation, je me levai, abasourdie, et dans une colère froide je lui jetai : « Savez-vous, madame, ce qu'est le pire pour une femme Guerlain ? C'est qu'on ne puisse pas la sentir. » Au-delà de cette repartie qui a fait ma réputation, cette situation à laquelle j'ai été confrontée était absolument intenable. D'autant plus que les atrocités qui étaient mises sous mon nez provenaient d'une femme. Je connais les bas instincts de prédateurs qui peuvent animer les hommes, lorsqu'il s'agit de femmes, je me bute à une totale incompréhension. Il en a été de même avec le couple Dessange. Jacques étant mon coiffeur durant ma grande période de star, je suis devenue amie avec son épouse. Mais ces derniers étaient des chasseurs invétérés. Ainsi, le temps passant et la cause animale prenant une telle ampleur dans ma vie, une distance s'est créée avec ces relations amicales. J'ai commencé par refuser de me rendre chez les Dessange les jours de chasse, puis j'ai fini par interrompre ces week-ends dans une maison qui n'était décorée que par des trophées de gibier. Nous étions souvent en conflit car je n'acceptais pas cette part de cruauté. Je leur disais qu'ils faisaient preuve d'une lâcheté insupportable en chassant et que je ne comprenais pas comment on pouvait avoir du plaisir à tuer un animal magnifique et en pleine santé, que l'on déniche avec des méthodes sournoises, des rabatteurs, des chiens exaltés... Et eux me trouvaient conne.

Ma défense des animaux et le suivi de ces relations sont devenus inconciliables. Car, quand on s'engage, il est difficile de ne pas voir en certaines personnes autre chose que les forfaits qu'elles peuvent commettre. D'autant plus qu'être chasseur est plus qu'un passe-temps, c'est bien souvent un état d'esprit, un art de vivre. Ce « loisir » conditionne une façon d'être à laquelle certains êtres sensibles, dont je fais partie, ne peuvent se conformer.

Aussi, la chasse porte une grande part de lâcheté. Je n'ai jamais rencontré d'êtres plus pleutres que les chasseurs. Des individus de cette espèce s'en sont pris à mes chiens, un jour, alors qu'ils s'étaient enfuis de Bazoches et qu'ils couraient à travers champs. Les corps de mes compagnons n'ont jamais été retrouvés. C'est aussi un chasseur qui m'a, un jour, mise en joue, parce que je m'interposais entre lui et un sanglier qui était venu se réfugier chez moi à Saint-Tropez. Cet homme, dont la vulgarité n'avait d'égale que sa hargne, m'avait menacée : « J'ai deux cartouches dans ma carabine, si vous m'empêchez de tuer ce sanglier, il y en a une pour vous et une pour lui. » Il n'en a pas fallu plus pour que je défie ce trou-du-cul à mon tour : « Alors tirez ! »

Ce long combat contre la chasse a trouvé son point d'orgue à Saint-Tropez, justement, lors de cette cruelle date du 4 juin 1994 où je me suis sentie trahie par cette ville que j'aimais tant. Saint-Tropez, cité associée au nom de Brigitte Bardot, Saint-Tropez, si liée à ma mission animale, avait accepté d'accueillir un Congrès de 700 chasseurs. Je le pris comme une provocation. D'autant plus que cette ville de plaisance et de tourisme ne fut jamais un territoire de chasse et que le gibier avait décampé depuis longtemps, menacé par l'extension des zones constructibles. Mais cette amertume m'a mise en danger. Soutenue par des centaines de militants, je me ruai sur les grilles qui enfermaient cette réunion de chasseurs. Et la liesse de la foule étant ce qu'elle était, je fus propulsée et plaquée sur les grilles. J'étouffais. De l'autre côté de cette barrière, des hommes me scrutaient et m'insultaient avec ironie, mais je parvins tout de même à me réfugier dans une boutique.

La joie de tuer un animal sans défense a énormément muté depuis quelques années. Les chasseurs ne sont plus armés avec des petits pétards, ils sont munis d'un véritable attirail, digne de terrains de bataille. Ce qui me fait dire que plus que jamais, aujourd'hui, je suis en guerre contre eux. Mes ennemis à moi sont les chasseurs traditionnels « du dimanche », détenteurs d'un permis de tuer, défenseurs d'un mode de vie qui leur permet d'assouvir leur sadisme. Mes ennemis à moi sont les poseurs de pièges : comme les « gluaux », petite branche enduite de glue condamnant les oiseaux à mourir collés par leurs pattes ou leurs plumes, ou bien encore les « tenderies aux vanneaux », où du gibier d'eau est attaché par la queue à une ficelle reliée au chasseur. Mes ennemis à moi sont les héritiers de cette immonde tradition monarchique qu'est la chasse à courre, symbole de l'Ancien Régime. La vénerie sous terre est particulièrement cruelle : l'animal est poussé dans son terrier par des chiens avant d'en être délogé avec une pince métallique. La tradition de la chasse à courre fut abolie en Angleterre en 2004, si bien que, un an plus tard, ma Fondation initia une proposition de loi en ce sens. Le texte soumis à l'Assemblée nationale par le député Jean Marsaudon[1] tomba dans les oubliettes.

Durant l'automne 2017, une affaire a suscité l'émoi de l'opinion publique lorsqu'un cerf a été froidement abattu dans une propriété privée de l'Oise. Je fus choquée, révoltée contre « l'assassinat », il n'y a pas d'autres mots, de ce pauvre cerf qui, après cinq heures de poursuites mortifères, s'était réfugié, à bout de souffle, dans un jardin privé. Comment admettre une telle honte ? Comment ne pas abolir cette chasse moyenâgeuse qui n'est actuellement pratiquée que par des sadiques d'une fausse aristocratie inhumaine ? Ces traditions révoltantes appelées « droit de suite » autorisent le fou sanguinaire à poursuivre la malheureuse bête dans n'importe quel endroit pour le tuer, soit avec une dague, soit par tout autre moyen de mise à mort, lorsque le cerf est blessé. Plusieurs pétitions ont été lancées pour l'abolition de la chasse à courre et ma Fondation, à l'instar de la SPA, a déposé une plainte pour « sévices graves et acte de cruauté » sur un animal sauvage. Le cerf, ce noble animal, ce majestueux couronné de ramures, animal féerique et royal, animal puissant, si supérieur à cette fausse noblesse décadente qui le poursuit. J'espère de tout cœur que le meurtre de

---

1. Député UMP de l'Essonne, disparu en 2008.

Compiègne fera enfin prendre conscience au gouvernement de l'horreur que représente ce « loisir », en abolissant définitivement cette chasse à courre qui est une des hontes de la France.

Dans notre pays, étonnamment, la chasse bénéficie d'énormément de complaisance. Héritage d'un passé rural, c'est pourtant l'une des traditions qui véhicule la plus grande injustice à l'égard des animaux. Ma Fondation a fait le compte : 31 millions d'animaux sont tués chaque année et la période de chasse couvre neuf mois sur douze, les animaux n'ont que trois mois de répit dans l'année, période des mises bas... Les espèces les plus ciblées sont les pigeons ramiers, les faisans, les grives, les lièvres et lapins de garenne, les perdrix, les bécasses et les sangliers. Sur notre territoire, attaquer un animal domestique est illégal, en revanche il est tout à fait possible de maltraiter un animal sauvage. Ma Fondation et moi-même demandons que ce dernier soit reconnu comme un être sensible et, par conséquent, que les atrocités à son égard soient condamnées par la loi.

D'une manière générale, la chasse est une stupide course aux trophées. Chez nous, comme ailleurs. Depuis peu, les associations de protection animale sont les témoins de safaris pervers se développant dans certaines réserves africaines : la chasse des espèces en voie de disparition. Vous avez peut-être en tête le tristement célèbre lion Cecil, tué en 2015 par Walter Palmer, un chasseur américain sans scrupule : hélas, cet événement n'est pas isolé. Ce qui a incité ma Fondation à dénoncer ce scandale qui, nous l'espérons, prendra une ampleur mondiale avant qu'il ne soit trop tard. En cause : la corruption de certains membres de réserves naturelles, la nature « monnayable » de ces animaux menacés et le loisir de chasseurs fortunés. De multiples agences spécialisées organisent même ces raids meurtriers, conduits par des guides, pour chasser les lions, léopards, phacochères, éléphants, rhinocéros, girafes, gazelles, crocodiles... Nous avons fait suivre une pétition à Ban Ki-moon, secrétaire général des Nations unies, accompagnée d'une lettre rédigée par mes soins où je dénonce ces meurtres prémédités car les cibles sont déjà connues et faciles à tirer.

À cette honte s'ajoute celle du *canned hunting*, très développé en Afrique du Sud, où des milliers d'animaux sauvages sont élevés dans le but d'être tués, toujours avec la complicité d'agences dédiées, offrant à de riches collectionneurs la possibilité d'assouvir leur désir de trophées.

Aussi, quand on me demande les raisons de ma haine féroce contre les chasseurs, je n'ai qu'une seule réponse : parce qu'ils assassinent. La chasse, loisir traditionnel, n'est rien d'autre que la jouissance malsaine de faire couler le sang. Je pense particulièrement aux grinds. Chaque année, des images insoutenables nous parviennent des îles Féroé, territoire danois, où les habitants se livrent à cette tradition aussi sanglante qu'inutile. Le procédé est particulièrement vicieux : des pêcheurs encerclent une centaine de globicéphales noirs, une variété rare de dauphins, pour les rabattre dans une baie. Poussés dans leur retranchement, les cétacés sont pris au piège. Les participants de cette tuerie marine n'ont plus qu'à massacrer les pauvres mammifères. Mâles, femelles et bébés sont tués par armes blanches, lardés de coups de couteau. Ce carnage dure quelques heures, puis les cadavres de dauphins sont abandonnés, gisant sur la plage, devant une mer de sang. Les participants quittent ensuite cette scène de crime, satisfaits d'avoir perpétué la tradition, laissant les corps meurtris qui pourriront dans des fosses marines, comme l'avait révélé l'ethnologue François-Xavier Pelletier lors de la mission « Stop the Grind », menée en 2010 par Sea Shepherd et intégralement financée par ma Fondation.

C'est encore la tradition ?

Le calendrier est parsemé de dates endeuillées par des tueries inconcevables. La tradition fait passer n'importe quelle cruauté, car elle justifie à elle seule ce qui est immoral. Tous les 21 juin, je suis horrifiée. Le festival de la viande de chien à Yulin, en Chine, me fait mal dans mon corps et dans mon cœur. Malgré les révoltes d'associations de protection animale à travers le monde, cette « fête » est maintenue chaque année. Une journée où des milliers de chiens et de chats sont battus à mort, ébouillantés vivants, par des bouchers qui débitent ensuite les morceaux de viande. Les carcasses dépecées et jaunies des chiens témoignent du châtiment infligé à ces pauvres bêtes : leurs queues sont raidies et leurs mâchoires béantes. C'est le pire des martyrs contre lequel je me bats avec ma Fondation. Faire subir de tels supplices à des chiens et des chats me met hors de moi, c'est trop atroce, inhumain, infâme...

L'Espagne est une terre particulièrement riche en traditions avilissantes. L'une d'elles, sollicitant des lévriers espagnols, figure parmi les plus grandes luttes de ma Fondation depuis plus de quinze ans. Cette race de chien que l'on appelle « galgos » ou « podencos » est utilisée pour la chasse et les courses. Puis, quand les chiens sont devenus inexploitables, les propriétaires s'en débarrassent en les pendant à des arbres, les noyant dans des puits, les aspergeant d'acide, leur crevant les yeux... Une autre tradition, à Valence, veut que l'on enduise les cornes d'un taureau de goudron et de pétrole pour être enflammées... L'animal, paniqué, se rue ensuite dans la foule qui lui jette des briques et des pierres. Il existe aussi, en Estrémadure, cette « fête » où un âne traverse un village pour y être lapidé à mort...

Dans tous ces cas de tradition, c'est la force, la virilité humaine que l'on veut voir triompher sur l'animal. C'est la victoire de la puissance contre la vulnérabilité. Les tenants de ces héritages d'un autre âge ne montrent rien d'autre qu'une face sombre d'un humain qui laisse jaillir de lui-même une jouissance mortifère de la souffrance infligée, une haine de l'autre tapis au fond de lui. Sous prétexte de faire s'exprimer une culture, ces traditions de sang ne peuvent qu'entretenir un enthousiasme pour le morbide, le sadisme, la perversité humaine à son comble.

La revanche de la maltraitance animale

La réalité de la maltraitance animale est dissimulée, si bien cachée qu'on en oublie qu'elle doit faire partie des grands combats d'émancipation des êtres vivants. Mais parfois, et de manière détournée, les animaux nous rappellent néanmoins la manière dont ils sont traités.

On ne s'en rend pas bien compte, car le sujet a été trop souvent délaissé, mais les plus grands scandales épidémiques sont liés aujourd'hui à l'alimentation. Eh oui... Tous ces élevages intensifs d'animaux ne pouvaient qu'être des foyers de virus !

Nous avons commencé à entendre parler de ces « maux animaux » et menaces pour l'homme dans les années 1990 avec la fameuse et pauvre « vache folle ». Cette infection était causée par l'usage de farines animales dans l'alimentation des vaches. Pour pallier le manque de protéines des bêtes, on leur a fait ingurgiter ces « farines animales », fabriquées avec des morceaux de viande, de carcasses et de cadavres de bovins.

Puis dans les années 2000, le virus H5N1 ou grippe aviaire est arrivé. Cette fois-ci, les oiseaux, poulets, dindes, canards et oies étaient touchés. Le contact entre des animaux vivants et des cadavres, des matières fécales infectées, des rongeurs était en cause. Même chose pour la fièvre aphteuse chez les porcs, chèvres et moutons.

Pour toutes ces maladies, l'homme n'était contaminé qu'exceptionnellement. Ce qui n'est pas le cas pour les infections suivantes...

Le changement de l'alimentation, la multiplication des élevages et donc des bactéries ont véhiculé des maladies comme la listériose ou la salmonellose causées par l'ingurgitation d'aliments et de protéines animales infectés. La tristement célèbre maladie de Creutzfeldt-Jakob concerne également l'ingestion de viande contaminée. Il y a aussi les œufs contaminés au fipronil, cet antiparasitaire utilisé dans les élevages.

Sans compter ce que l'on ne peut pas compter : l'explosion des allergies, de l'asthme et des taux de croissance exubérants pour les enfants et les adolescents nourris au poulet aux hormones. Les gosses mangent des hamburgers où la viande de bœuf a été trafiquée génétiquement avec des hormones de croissance. Résultat : les filles commencent leur puberté de plus en plus jeunes, les pédiatres et les médecins sont confrontés à des maladies qu'ils ne voyaient pas avant, des maladies auto-immunes diverses qui attaquent le système immunitaire.

La mauvaise bouffe rend malade et difforme. La viande et les produits d'origine animale fabriqués de manière antinaturelle ont créé ce que l'on appelle des maladies « zoonotiques », ces infections transmissibles de l'animal à l'homme. Le lien entre les élevages industriels et les épidémies est évident.

J'ai un dégoût profond pour l'époque dans laquelle je vis. On empoisonne les animaux qui sont censés nourrir sainement les hommes, on les maintient en vie avec des substances dégueulasses et lorsqu'on se rend compte qu'on a créé des créatures anormales et dangereuses pour l'homme on s'en débarrasse, on les euthanasie, on les brûle, on les raye de la carte. Et on recommence, ailleurs, avec d'autres méthodes et d'autres produits qui donneront vie à d'autres « Frankenstein ». Les œufs contaminés au fipronil ont été jetés par milliards au moment de leur détection. Quel gâchis, quel immense gâchis... Quand une poule donne un œuf, c'est un effort pour elle, c'est long, c'est un accouchement et une réussite chaque fois. Ne plus mesurer cela, produire et détruire, sans raison aucune, là est le scandale de notre siècle.

Nourrir les animaux avec de la mort et nourrir les humains avec des animaux nourris à la mort : c'est le suicide de l'humanité. Et la mort de l'éthique. On se plaint des athlètes dopés dans les compétitions sportives, alors qu'aujourd'hui les consommateurs ont tous la possibilité d'être dopés par des produits animaliers s'ils le souhaitent. Quand vous donnez aux animaux et aux poissons autant de farines animales, d'antiparasitaires, d'antibiotiques, c'est qu'il y a un vrai problème. Et puis, les animaux empoisonnent à leur tour ceux qui les obligent à manger de la nourriture infâme.

Et si tout cela vous semble compliqué, s'il est difficile de démêler le vrai du faux, de connaître la réalité des épidémies et des maladies zoonotiques, songez un instant à la nourriture de base des animaux dédiés à la consommation : de l'herbe. Tout simplement de l'herbe.

Le « mal animal » qui touchera, à l'avenir, de plus en plus d'hommes est une sorte de revanche des bêtes contre cet apprenti sorcier qu'est l'homme. Ce qui a fait dire très justement à Jane Goodall : « Nous sommes ce que nous mangeons[1]. »

Végétarisme

Je ne mange plus de viande depuis plus de quarante ans, mais je crois que je suis végétarienne depuis toujours. J'ai toujours eu horreur de la viande : Maman me bouchait le nez pour m'en faire avaler. Je voyais le sang, la chair rouge et juteuse, et cela me dégoûtait. J'ai toujours eu conscience que manger de la viande, c'était manger un être mort. Et ce n'est pas très différent d'une sorte de cannibalisme.

Le végétarisme est un chemin progressif, mais en général, irrémédiable. Lorsque j'étais actrice, j'étais constamment entourée de gens qui mangeaient de la viande, et dans les cantines de cinéma ou les restaurants que je fréquentais, on me proposait des plats uniquement composés de poulet, de bœuf ou autre. J'en mangeais le moins possible. Et puis j'ai

---
[1]. Titre du très beau livre de Jane Goodall, paru chez Actes Sud en 2012.

commencé à être sensibilisée à la vie des animaux, et bien sûr aux conditions d'abattage. Et au fur et à mesure, ce refus de la viande a pris de l'importance pour moi, jusqu'au jour où il est devenu définitif. Je ne pouvais plus faire la différence entre ce qu'il y avait dans mon assiette et ce que j'avais vu. C'est comme cela que j'y suis arrivée.

Il y a quarante ans, il y avait encore très peu de végétariens dans notre société, on me regardait comme une bête curieuse... Mais comme on m'a toujours regardée du reste... On considérait le végétarisme comme une pratique un peu sectaire, comme un truc de gourous. Ce n'est plus le cas heureusement. Et aujourd'hui le véganisme, le refus de tous produits issus de l'exploitation animale, est même pratiqué. Mais ce n'est pas mon cas, comme je l'ai déjà dit, je peux encore me régaler avec du miel, des œufs, de la crème ou du fromage. Cela ne me dérange pas de consommer ces aliments, car j'imagine que c'est un échange avec les animaux : je leur offre ma protection, mes soins, mon amour et eux me donnent un peu de lait ou quelques œufs. Je ne suis pas dans la consommation, mais dans la tempérance, car je sais le don que la nature me fait au travers de ces produits.

Le monde pourrait devenir végétarien, car tuer pour manger n'aura bientôt plus de sens. Cette idée s'étend : c'est une prise de conscience bien plus qu'une mode. Je me rends bien compte que la transition sera longue, la culture est tellement marquée par l'élevage et la gastronomie basée sur les protéines animales... Et j'entends souvent des solutions mi-figue mi-raisin : si l'élevage redevient propre, les modes d'abattage régulés, la vie et la mort de l'animal seront plus sains donc acceptables... En d'autres termes : si l'homme ne fait plus souffrir les animaux pour les manger, il serait tolérable de les tuer. C'est un compromis que je n'accepte pas. Pour mes quatre-vingt-trois ans, on m'a offert des « saucisses vegan » à base de protéines végétales, soja, ou blé... Elles avaient l'allure de saucisses de viande, sans l'être. Et cela m'a fait le même effet. La même forme, la même appellation que l'on donne à ces nourritures alternatives me rappellent trop l'univers de la viande. Refuser de manger de la chair animale, ce n'est pas que refuser un goût, c'est aussi rejeter un système qui exploite l'autre pour ses propres besoins.

La chair avalée par un être humain devient la sienne. S'il mange un animal torturé, il se nourrira d'agonie et, inconsciemment, il ne pourra la digérer. Je suis née en 1934, je viens d'une époque où la viande était un produit rare, cher et respecté. Aujourd'hui, elle n'est plus qu'un bout de chair vulgaire, moche et jetable. Il est désormais banal de manger de la viande et des produits laitiers, pourtant cela ne devrait pas l'être. La façon dont la viande est produite aujourd'hui pose un problème de conscience. Tout le monde le sait maintenant : elle peut nous rendre malades, elle porte atteinte à la dignité de milliards d'animaux chaque année et contribue au réchauffement climatique en raison de l'industrialisation des élevages. Le public commence à savoir tout cela. Et ces valeurs doivent se retrouver dans son frigo. Car avant d'être responsables collectivement, il faut l'être individuellement.

L'émotion et la raison

Les gens commencent à réfléchir, à ne plus consommer aveuglément. Je me satisfais de voir que, avec l'essor des réseaux sociaux, une partie du public prend conscience des nombreux cas de souffrance animale et les rejette. Car lorsque l'on montre des images de cruauté, je suis persuadée que les gens changent de mentalité. Quand ils prennent conscience des animaux hurlant, agonisant dans des centres d'abattage par exemple, ils ne peuvent que s'indigner. Le public n'imagine pas, ne visualise pas, ne se rend pas compte. Il ne sait pas si on ne lui met pas le nez dedans. Il dira : « Ça a toujours été comme ça », « Moi j'aime les bêtes, je ne leur ferais pas de mal, mais j'aime bien manger mon petit bifteck »... Combien de fois j'ai entendu cela !

Cette naïveté vient d'un ensemble de choses : un manque d'informations, une ignorance, une soumission à la société de consommation. Peu de gens font le rapport entre le petit agneau qu'ils vont caresser la veille et le gigot qu'ils mangeront le lendemain. Les lobbies de la viande s'arrangent pour montrer des publicités qui incitent à manger leurs produits. La propagande est positive : le cochon est content d'être tué et de vous donner à manger. On montre des petits animaux joyeux, jolis pour promouvoir la marque. C'est ainsi que même si un consommateur est révolté un jour, le lendemain, il passe à autre chose.

Telle est la nature humaine, telle est notre société où il est préférable d'être raisonné plutôt qu'ému. C'est pour cela que les choses ont du mal à bouger, parce que l'émotion ne prime pas sur la raison, parce que ce n'est pas l'homme de la rue qui fait les lois. Dans leur grande majorité, les gens ne veulent plus que les animaux soient considérés comme des objets. Hélas, ces derniers sont beaucoup, beaucoup trop liés à des intérêts qui nous dépassent tous. L'animal n'est pas un esclave pour rien. Il est esclave parce qu'il est rentable. Imaginez-vous un instant une société sans laine, sans cuir, sans lait, sans œuf, sans viande, sans médicaments, sans cosmétiques, sans divertissements ? Non. Mais peut-on l'imaginer sans présence animale ? Oui. Mais l'esclave-animal arrange tout le monde. Il est si commode d'exploiter une souffrance muette... Souvent, j'ai lu qu'on ne pouvait donner de droits aux animaux parce qu'ils ne pouvaient avoir de devoirs... Quelle connerie ! On attend des animaux qu'ils raisonnent, qu'ils parlent pour les considérer, on attend d'eux qu'ils nous éblouissent par leurs facultés pour les respecter et ne plus les malmener. Je ne crois pas que la protection animale passe uniquement par la découverte, la science ou l'institution de lois qui reconnaîtraient des droits aux animaux. C'est bien, mais ce ne sera jamais assez. La protection animale passe par une vertu qui se perd même entre les humains eux-mêmes : la compassion et l'amour.

C'est pour cela que je préfère l'émotion à la raison. On me reproche souvent mes sentiments excessifs, mes colères et mes mots, ils ne font que traduire ma douleur envers les animaux maltraités. C'est à la hauteur. À la hauteur de cette violence, à la hauteur de l'inertie qui l'entoure.

S'occuper des animaux n'est pas une vaine occupation, ce n'est pas le passe-temps d'une ancienne actrice qui aime caresser son chat, c'est un véritable combat pour faire changer les regards. Pour ne plus jamais entendre cette phrase si lourde de sens : « Ce n'est qu'un animal. » L'animal d'aujourd'hui est esclave des hommes et rien d'autre n'a plus de prix pour moi que sa libération. Pour qu'il soit débarrassé de ses chaînes, débarrassé des regards malsains que l'on porte sur lui. Pour qu'il brille par sa grandeur. Car l'animal que je vis est libre : il rend l'homme bon, il n'a pas la fièvre aphteuse, ni la « vache folle », l'animal que je vis ne m'est pas inférieur, il ne me sert pas, il n'est pas mon dû. L'animal que je vis n'est ni victime, ni bouc émissaire. L'animal que je vis est un don : son souffle, son regard, sa caresse, son existence même me confortent chaque jour dans l'idée que l'amour pur et désintéressé existe. L'animal que je vis m'en apprend beaucoup plus sur la vie qu'aucune autre chose. Parce qu'Il Est.

4
Mon rêve en héritage

Des humains-humains

Mon combat est né d'un rêve, d'une imagination folle, d'un désir de justice. Il est né d'un idéal, moi qui ai toujours gardé les pieds sur terre. Le rêve n'ayant de sens que s'il se vit éveillé, j'ai toujours recherché une alternative, un second choix à une situation qui m'était imposée. Lorsque j'étais enfant, je m'évadais dans des chimères, je rêvais tantôt d'être une danseuse étoile, de passer mes journées à l'Opéra de Paris, tantôt d'être une bergère. La campagne me manquait tant qu'elle était devenue une quête, un paradis terrestre peuplé d'animaux dans des forêts, de champs de blé, de rivières où viendraient boire des loups. Je rêvais aussi de vivre dans une réserve africaine, entourée d'éléphants qui partageraient avec moi un peu de leur sagesse.

Je suis toujours autant rêveuse aujourd'hui. Mon esprit dérive vers de jolies choses, des endroits magnifiques, fruits de mon imagination. Quand je nourris mes pigeons sur ma terrasse, je me demande ce qu'ils peuvent voir avec leurs petits yeux ronds, ce qu'ils contemplent quand ils se laissent porter dans le ciel. Mes songes me permettent de m'évader d'un quotidien, ou encore d'une conversation qui traîne en longueur. Mon ennui, mon rejet du basique et mes échappées ne sont rien d'autre que des symptômes d'impatience et de désir d'absolu.

Ma vie est devenue un rêve pour beaucoup, elle s'est souvent apparentée à un cauchemar pour moi. Car ma destinée fut centrée sur une image, un fantasme, une gloire et une puissance, autant de choses qui s'évaporent au premier coup de vent. J'aurais souhaité avoir le pouvoir d'une magicienne, de déplacer des montagnes, de changer les choses. Je suis la preuve vivante qu'un statut hors norme n'offre rien d'autre qu'un prestige qui s'éteint avec les lumières artificielles qui l'ont éclairé un temps. Autrefois, je brillais par ma beauté, hier, par mes prises de position, aujourd'hui, par un mythe que je n'ai pas souhaité construire. Seule ma Fondation est ancrée dans la terre ferme des réalités. Mais cela ne donne pas de pouvoir. Le pouvoir n'est pas une chose que l'on tient fermement dans sa main, comme une baguette magique, c'est un serpent mouvant et lié à des intérêts propres, des réseaux et des connivences. Malheureusement, le pouvoir, tel qu'il est exercé aujourd'hui, tend plus volontiers vers la destruction que la construction.

Être Brigitte Bardot ne me donne aucun pouvoir.

Ma seule faculté est de dénoncer. Encore et toujours. Et si quelques dispositions liées à mon ancien métier d'actrice me sont restées, elles se trouvent dans ma capacité d'incarner mon combat. Un acteur montre, porte un personnage, crée un univers perméable au public. Mon pouvoir est celui de mettre en lumière des vies animales, de valoriser leur existence, d'inviter les gens à refuser des vérités insupportables. Et faire que chacun voie le monde avec mes yeux.

Moi, je regarde avec le cœur. Et il me permet de distinguer une humanité qui se satisfait de son existence d'une humanité humaine. Ma définition du mot « Humain » est « un être sensible, bienfaisant et secourable ». Ce sont des qualités du cœur que j'ai le plus recherchées chez les gens. Et je n'ai jamais pu être accompagnée par des personnes qui ne s'inscrivaient pas dans cette vie vertueuse. Un humain-humain est doué de compassion, d'amour, de gentillesse, de compréhension, d'intelligence et de respect. Un humain-humain est un être en perpétuelle recherche de perfectionnement.

Nous avons tous la possibilité de nous comporter en héros ou en crapule. C'est pour cela que je garde une piètre opinion de l'humanité. Je ne parviens pas à justifier ce pourquoi les hommes peuvent se laisser aller, participer à tant d'immondices vis-à-vis des animaux et bien sûr d'eux-mêmes. Quand l'homme ne fait pas la guerre, il chasse, il joue, il a un besoin fondamental de faire couler le sang, de faire s'exprimer un fond barbare rentré. Par peur de la mort, par peur de lui-même, l'être humain est monstrueux. Il porte le Ying et le Yang en lui. Par facilité, certains se confondent dans le négatif. C'est vrai, il est plus difficile de développer le positif, mais cela est plus épanouissant à la longue.

Mon humanité à moi est une quête perpétuelle. Rechercher ailleurs, plus loin, toujours plus profondément. J'ai brûlé ma vie par tous les bouts, dévoré mes jours, creusé toutes les possibilités de mon existence. J'ai sublimé ma personne, déchiré mon image, j'ai aimé, j'ai aimé fort toujours, j'ai aimé mal parfois. J'ai raisonné et perdu la raison. J'ai été adorée et haïe. J'ai voulu vivre et mourir. J'ai tout connu. J'ai tout vu. Alors, que me reste-t-il d'autre que l'espoir, le rêve impossible, le souhait supérieur, celui de ne plus voir une humanité assassine et suicidaire ? Je me bats, sans armée ni armure, sans méthode, sans question, sans repos. Je lutte pour l'inaccessible, l'accalmie et le repos des bêtes.

Il est temps. Le temps d'offrir mon rêve en héritage, d'élever la condition animale pour l'inscrire dans les grands combats humanistes qui font la fierté de mon espèce. Pour que l'Animal ne soit plus l'objet de la domination de l'homme, mais un individu, plein et entier. Qu'il ne soit plus la victime facile d'humains non humains, mais le sujet d'un monde animal et d'une animalité retrouvée.

Des individus animaux

Croyez-moi, j'ai connu assez d'individus pour savoir que l'animal en est un. Les animaux sont. Ils existent et ils vivent. Ce sont des individus concrets, portant un passé, un présent, un avenir. L'animal a toujours été vu comme une machine agissant par instinct uniquement, pendant que l'homme développait ses qualités de réflexion. Il suffit de s'immerger quelques jours dans un univers animal pour comprendre que cette répartition du monde est fausse. Tout comme l'homme, l'animal fait partie d'une espèce, mais chaque individu est singulier et différent des autres. Un chien ne ressemble jamais à un autre chien. Pour ma jument, je ne suis pas une représentante de mon espèce que l'on appelle « Humain », je suis Brigitte, la femme qui partage son quotidien. Et réciproquement, je ne juge pas un animal en fonction du groupe auquel il appartient. Selon l'existence qui lui est offerte, son éducation aussi, un chat peut être très différent d'un autre chat.

Chaque animal a une personnalité, un tempérament et, bien sûr, une conscience de lui. Le test scientifique classique pour savoir si un animal a conscience de lui-même est de le mettre face à un miroir. « Ô miracle ! » : les dauphins, les cochons, les éléphants et les singes se reconnaissent... Ce qui n'est pas le cas, du reste, d'un bébé humain avant l'âge d'un an et demi... Les animaux savent qu'ils sont en vie et se battent pour le rester. Ils sont capables de faire la différence entre une gifle et une caresse. Et leur défiance vis-à-vis de leurs tortionnaires n'est pas le fruit de réflexes, ni de stimuli primaires. L'homme n'a pas l'apanage de la sensibilité, de la douleur, de l'affection. On m'a rapporté des histoires de chimpanzés ou de bébés rhinocéros qui avaient été nourris au biberon, puis relâchés dans la nature. Et quelque temps plus tard, quand ces animaux adultes retrouvèrent leurs soigneurs, ils cavalèrent vers eux. Ce n'est pas une démonstration d'instinct, c'est un souvenir, une fidélité. Je pourrais vous donner des centaines d'exemples, pour n'importe quelle espèce. Les loups aussi reconnaissent en un coup d'œil celles et ceux qui les ont aimés et protégés.

Je n'aime pas le mot intelligence car il est le signe d'une arrogance humaine dévastatrice. Ce n'est pas un mot qu'il faut coller aux animaux, parce qu'il ne veut rien dire, pas même pour les humains. Les animaux font évidemment fonctionner leur esprit à plein régime. Si un singe, un chien ou un perroquet veut obtenir une cacahuète coincée dans un trou, il se débrouillera pour la déloger par tous les moyens. Et ce n'est pas leur instinct qui leur commande d'aller tirer sur une corde pour choper de la nourriture, ce n'est pas naturel, c'est le fruit d'une réflexion. Les animaux ont tout un tas de signaux pour exprimer leur joie, leur colère, leur surprise, leur impatience... Pourquoi aurait-on l'exclusivité de l'émotion ? Pourquoi serions-nous les seuls détenteurs de ces richesses que sont les activités du cœur et de l'esprit ?

Les seuls êtres qui bénéficient un peu plus de notre considération sont les grands singes. Car les gorilles, les orangs-outans ou les chimpanzés sont nos cousins, nos frères, même. Nous avons les mêmes gestes pour bercer un enfant, les mêmes mimiques, la même façon d'organiser une société ou une famille, les mêmes querelles. Si l'homme a plus d'égards pour les primates, c'est parce qu'ils lui ressemblent. L'homme a donc besoin de se comparer, de trouver des similitudes pour aimer et respecter.

Alors, la plupart des mauvais esprits humains attendent qu'on prouve l'intelligence du cochon pour le considérer comme un individu... car l'intelligence humaine est la référence. Or, le monde animal est bien plus riche que cela, il nous offre tout un éventail de capacités, d'ingéniosités, de réflexions, de jugements aussi, en fonction des espèces, bien sûr, mais aussi en fonction du caractère de chaque animal. Aussi, ce n'est pas l'intelligence d'un individu qui doit induire le respect qu'on lui porte, c'est sa vie et le mystère des possibilités de son existence.

Depuis que j'ai la chance de vivre constamment auprès d'eux, je ne cesse d'observer, à la seconde, le comportement des animaux entre eux. Leur sens de l'aide et de l'équité est incroyable. C'est le cas, évidemment, des mamans avec leurs petits, qui leur transmettent leur savoir, qui les invitent doucement mais sûrement à les imiter pour devenir des adultes responsables. C'est aussi le cas des éléphants qui protègent l'un des leurs quand il est en danger. Ils se mettent tous en groupe et l'entourent. Je pense aussi à cette vidéo que l'on m'avait fait parvenir : ce chien écrasé au milieu de la route, les voitures roulant, sans se soucier de savoir s'il était mort ou pas, jusqu'à ce qu'un autre chien passe par là et le tire par la peau du cou avec sa gueule pour le traîner sur le bas-côté. Les animaux sont solidaires entre eux, sont solidaires des hommes. Il suffit de s'intéresser un peu à la relation qu'entretiennent les êtres humains en situation de handicap, comme les non-voyants, avec les animaux qui les accompagnent... On peut dire que certains chiens sont apprivoisés en ce sens et qu'ils ne font qu'obéir aux ordres. On peut dire cela... Mais on peut aussi bien admettre que, lorsqu'une situation de danger se présente pour un humain, un animal fera tout ce qui est en son pouvoir pour le secourir. Cette capacité d'adaptation, ce n'est pas de l'instinct, c'est une conscience, c'est une évidence.

En outre, la différence de langage ne prouve en rien le manque de réflexion des animaux. Leur communication n'est pas verbale, elle est autre. Les pigeons savent compter, les baleines se parlent avec des sons, les abeilles dansent, les poules compatissent, les chiens se reniflent et reniflent certaines maladies humaines, les oiseaux chantent, les chevaux ont tout un tas de gestes faciaux pour exprimer leurs émotions. Il en est de même pour les singes.

Seul le regard prédateur de l'homme nie cette diversité. Seul son instinct dominant refuse d'admettre la richesse du monde animal. Et l'accepter, ce n'est pas enlever quelque chose à l'humanité, c'est juste permettre à d'autres vies de s'exprimer librement.

Il est incroyable de voir à quel point un animal perçoit très justement ce qu'il est, ce qui l'entoure, et les moyens dont il dispose pour survivre. C'est pour cela que la captivité d'un animal sauvage est un crime. Il faut être aveugle pour ne pas lire la détresse dans les yeux d'un lion, ses allers-retours continuels qui le maintiennent en vie. Je ressens moi-même ce désespoir, comme celui du chien battu et maltraité. Les animaux qui sont condamnés le savent. Dans les laboratoires d'expérimentation, les yeux des singes témoignent d'une détresse infinie. Sans mots, ils supplient, sans cris, ils appellent à l'aide. J'ai souvent rapproché leur regard de celui du Christ crucifié.

Le fait de se soumettre ne prouve pas leur manque de conscience d'eux-mêmes. Au contraire, les animaux se battent et se débattent tant qu'il est encore temps, puis, quand il n'y a plus d'espoir, ils se résignent. Ils savent, ils comprennent vite, plus vite que nous, quand la seule issue de leur calvaire est la mort.

En fin de compte, ce qui échappe à beaucoup d'hommes, c'est la connaissance de la vulnérabilité des animaux. Non pas l'infériorité, mais la vulnérabilité. Ce qui fait la différence entre un homme costaud et un enfant, c'est la fragilité, n'est-ce pas ? Ils n'ont ni la même force, ni la même capacité de réflexion ? Je crois que l'écart entre l'homme et l'animal est le même. Les animaux sont condamnés au silence, ils n'ont pas la capacité de réclamer notre bienveillance, ni même des droits. Ce sont des individus sans parole et sans défense. Et comme tous les êtres plus fragiles, ils méritent notre attention et notre protection. Notre sensibilité doit rejoindre la leur. Et faire naître une éthique.

Pour une éthique
et une morale animales

L'animal fait partie de l'histoire de l'humanité. Nous pouvons toujours penser que nous vivons depuis des années avec eux ou à côté d'eux, mais que nous n'avons pas besoin d'eux pour vivre. Rien n'est plus faux.

Si j'ai accepté de porter ce dernier livre, c'est pour deux mots : l'éthique et la morale animales. Ces termes sont mes moteurs depuis toujours. La morale tout d'abord : j'aimerais que l'on fasse la différence entre le bien et le mal que l'on fait aux animaux, ce qui est juste et injuste, ce qui est acceptable et ce qui ne l'est pas. Et puis l'éthique : donner une place nouvelle aux animaux, dans nos vies et dans nos réflexions. Savoir que nos actions ont des conséquences sur eux.

Je souhaite plus que tout que les hommes se sentent responsables des vies animales. Dès lors que nous comprenons que les animaux perçoivent, sentent et souffrent, nous ne pouvons plus faire comme si nous ne savions pas. Dès lors que nous avons conscience qu'ils ont des intérêts et des notions de vie ou de mort, nous ne pouvons user de leur existence comme d'un matériel à notre disposition. Dès lors que nous n'ignorons plus nos ressemblances et nos différences, les humains doivent accepter de faire partie d'un ensemble de « Vivants » avec les animaux. Enfin, dès lors que la vulnérabilité des animaux est prise en compte, nous ne pouvons avoir qu'une honte : les exploiter, et qu'un souci : les protéger.

Le regard que l'on porte sur les animaux doit aujourd'hui évoluer. Ils ont le droit d'être respectés, non comme des choses, mais comme des individus. D'où l'abolition de toutes formes d'exploitation animale. C'est le sens de l'humanité : faire avancer les droits de tous les êtres vivants. J'ai connu un monde où la femme était la propriété de son mari, où les enfants n'avaient pas le droit de s'exprimer. On leur a donné une place. J'aimerais que l'évolution de l'humanité passe aujourd'hui par l'amélioration du sort et de la place des animaux.

L'individualité animale doit être reconnue, toute vie animale sauvage ou domestiquée doit être respectée, la maltraitance et la cruauté doivent être bannies. Les loisirs et expériences incluant les animaux aussi. La sauvegarde des animaux doit devenir une priorité politique.

Considérer les animaux, cela devrait passer tout d'abord par le rejet de toute hypocrisie : les gens ont un chien chez eux et, à côté de cela, cela ne les dérange pas de voir un porc se faire sacrifier pour avoir du jambon. Ou encore : ils ont un chat à la maison et, quand ils en voient un passer dans la rue, ils le rejettent en disant qu'il est sale, plein de puces. Les gens aiment les animaux qu'ils ont chez eux, qu'ils ont choisis, qui font partie de leur famille. Les autres ne sont rien. C'est une forme d'égoïsme. Le sens de la propriété est très important quand on détient ou qu'on s'accompagne d'un animal. C'est pour cela qu'avec ma Fondation, nous sommes très soucieux du droit des animaux de compagnie, en favorisant les adoptions et non les achats, causes de trafics sordides. Nous tentons par exemple de faire évoluer les mots à ce sujet. J'aimerais que nous n'entendions plus « propriétaire » d'un animal mais « responsable » d'un animal. Ces derniers nous sont confiés, pas donnés, et nous avons des devoirs vis-à-vis d'eux. À ce sujet, en 1993, nous avions proposé une charte de quinze points aux maires de France dans l'idée de gérer les placements des animaux, de faire payer les adoptions, de créer des sortes d'« état civil » pour chaque individu, ou encore de prélever une taxe sur toute nouvelle naissance, dans des élevages ou chez des particuliers. Le but étant de faire naître un sens des responsabilités s'agissant de l'accueil d'un animal domestique et ainsi de lutter contre les trafics et les abandons.

Considérer les animaux, c'est aussi leur laisser une place. Et malheureusement, la société n'est pas un exemple en la matière. Il ne suffit pas de sanctionner l'abandon des chiens et des chats, il faudrait que les centres de vacances les acceptent, que les modes de garde soient connus, que les plages et les hôtels ouvrent leurs portes à nos compagnons. Considérer les animaux, c'est ne plus les oublier. Lors de catastrophes naturelles, d'incendies, d'inondations, on parle des dégâts humains et matériels. Jamais des animaux, ou très rarement !

Considérer les animaux, c'est être capable de se mettre à leur place. On y parviendra si l'on admet que tous les êtres vivants sont doués de sensibilité. Les animaux domestiqués comme les animaux sauvages. Cela passe par la justice, mais aussi par l'éducation. Les programmes scolaires devraient être repensés pour intégrer des cours sur les animaux, la nature, la place que l'homme y occupe. Créer aussi des journées dédiées aux animaux. C'est ce que nous avions réalisé avec ma Fondation avec la « Fête du monde animal » dont la première eut lieu en 1989, à l'hippodrome de Vincennes, en collaboration avec la mairie de Paris. Ce fut l'occasion d'inviter l'ensemble des organisations animales et de proposer à l'adoption de nombreux chiens et chats.

Le progrès humain, c'est faire avancer les droits des plus vulnérables. C'est penser aux conséquences que nos actions ont sur les autres. C'est se mettre à la place de l'autre en fin de compte... La sensibilité donne des droits, la tendance naturelle de l'individu animal à rester en vie lui donne des droits. Si la valeur de la vie animale continue d'être niée par les hommes, cette attitude entachera durablement l'humanité. À un point tel qu'elle perdra l'une des grandes qualités qui la fondent : la pitié.

Pour une protection juridique efficace

Les animaux n'ont pas encore de droits juridiques propres. Certes, ils bénéficient du statut d'« êtres sensibles[1] » en Europe et en France, mais ce texte n'est pas un garde-fou aux pratiques cruelles et quotidiennes des chasses, des abattages, élevages ou « loisirs » de toute sorte. Par exemple, la loi condamne la cruauté, mais quand il s'agit du gavage des oies, des corridas et des combats de coqs : c'est permis !

L'animal est « sensible » dans le texte, mais reste « matériel » dans les faits. Un chat de compagnie, un agneau d'abattoir ou un vison d'élevage restent des objets de commerce et de trafic. Hélas, la propriété et la sensibilité ne font pas bon ménage. Ce qualificatif ne signifie rien, c'est un pansement sur une cicatrice trop profonde et un « bonbon » que

---

1. L'article L214 du code rural stipule depuis 1976 que « tout animal étant un être sensible doit être placé par son propriétaire dans des conditions compatibles avec les impératifs biologiques de son espèce ». L'acte de cruauté est devenu un délit en 1963. Les animaux de ferme sont considérés comme des êtres sensibles par la loi depuis 1976. En Europe, le traité de Rome qui parlait de « marchandises et produits agricoles » a été repris par le traité d'Amsterdam en 1997 qui demandait « le respect des animaux en tant que créatures douées de sensibilité ».

l'on donne aux associations. Mais cela n'empêche rien.

2017 aura néanmoins été une année de référence pour la protection animale. Grâce à l'association L214 qui avait dénoncé les agissements sadiques d'un homme dans un abattoir bio du Gard, ce bourreau a été condamné à huit mois de prison avec sursis et 600 euros d'amende pour « sévices graves », par le tribunal correctionnel d'Alès. De même, un homme ayant torturé un petit chat à mort à Draguignan a été condamné à six mois de prison ferme. L'acte criminel à l'encontre d'un être animal a donc enfin été reconnu. J'espère que ces deux verdicts feront jurisprudence, car c'est un grand pas pour la considération animale et une victoire pour toutes les associations. Cette prise de conscience des tribunaux est le résultat du travail de longue haleine de ces dernières années mais aussi et surtout de l'émoi du public, *via* les réseaux sociaux. L'indignation des gens est un moteur pour toutes ces avancées. Et si les réseaux sociaux avaient existé il y a trente ans, les choses auraient bougé plus vite, j'en suis convaincue. Car aujourd'hui, la force des forums incite les médias à dévoiler l'innommable, ce qui influence largement les décisions des juges.

Pour que la France devienne une terre animale

Je suis la Française la plus connue au monde, je crois, et pour la protection animale, mon pays est loin d'être en avant-garde. Bien sûr, je continue d'être un emblème de cinéma à l'étranger, des vêtements à mon nom sont fabriqués, des produits à mon effigie sont distribués, des expositions sont organisées.

La star que j'ai été est encore louée dans bien des circonstances. Ces hommages internationaux n'excluent pas mon statut de protectrice des animaux, bien au contraire. Je sais à travers les lettres qu'ils m'écrivent que beaucoup de gens n'ont jamais vu un film de moi, les jeunes générations nées à partir des années 1980 me connaissent pour mon action et ma Fondation. Ce qui me fait dire aujourd'hui que, si j'avais quitté le cinéma en 1973 pour profiter de longues années de retraite à La Madrague, on ne parlerait plus de moi depuis longtemps. C'est mon combat qui a pérennisé ma popularité, mon engagement qui a donné sens à l'adoration dont je peux encore faire l'objet. Aussi, je suis bien consciente d'être « une marque » française, que la France ne s'est pas privée d'utiliser. Charles de Gaulle disait que je rapportais autant à mon pays que les devises Renault. Quant à John Wayne, il avait eu la malice de déclarer : « Les seuls mots français que je suis capable de prononcer, c'est Brigitte Bardot. »

Ainsi, j'aurais aimé que ce pays que j'ai tant représenté s'honore en s'inscrivant dans le combat humaniste pour les animaux. Que cette patrie des Lumières, du progrès et de l'égalité, cette nation des droits de l'homme devienne celle des animaux. Bien des pays européens aujourd'hui nous surpassent dans la considération animale et je ne m'explique pas le retard qu'accuse la France sur ce sujet, ce qui va d'ailleurs à l'encontre du sentiment des Français pour cette cause, comme on le voit dans beaucoup de sondages[1]. Le manque de décisions politiques va à

---

1. Eurobaromètre 2016 : 94 % des citoyens européens pensent que la protection du bien-être des animaux d'élevage est importante, 82 % pensent que les animaux d'élevage devraient être mieux protégés qu'ils ne le sont actuellement, 89 % estiment qu'il devrait y avoir une législation européenne pour garantir le

l'encontre de l'opinion publique. Au niveau législatif, scolaire ou scientifique, la France est à la traîne. Les politiques se refusent à entendre les attentes de la société, ils sont comme bornés.

Bien souvent, j'ai rencontré des élus, débutant dans leur métier politique, mués par des idéaux honorables, puis leur ascension dans les hautes sphères a balayé leurs rêves. Le pouvoir est une force perverse et nombriliste. À partir du moment où un être le détient, il n'aura qu'un souci : le conserver, quitte à trahir ce qui le fondait avant. C'est en partie pour cela que les animaux restent la cinquième roue du carrosse. De la même manière, il y a bien longtemps que les associations de protection animale réclament la création d'un secrétariat d'État dédié, ce qui mettrait fin à l'éparpillement entre les ministères de l'Écologie, de l'Agriculture, de la Santé, de la Justice et de la Culture. Mais l'envie n'y est pas, le courage est inexistant. Car les adversaires des animaux sont trop puissants et trop liés au pouvoir politique. La France se débrouille pour contourner les directives européennes en matière de protection animale, avec des dérogations qui plaisent aux principaux lobbies agricoles, industriels, médicaux ou alimentaires.

C'est ainsi que le salut des animaux passe par le lobby de la protection animale. Des groupes d'influence et de pression doivent se créer. Moi-même, j'ai participé à une sorte de « lobbying direct ». En 1980, à la suite de ma demande, Valéry Giscard d'Estaing était intervenu auprès de son ministre des Transports pour faire cesser les crash tests d'un

---

bien-être des animaux utilisés à des fins commerciales (http://www.vetitude.fr/eurobarometre-lattitude-des-europeens-vis-a-vis-du-bien-etre-animal-decryptee).

laboratoire de recherche en sécurité routière qui utilisait des singes et des porcs pour ses expériences. Il en a été de même, quelques années plus tard, lorsqu'une affaire sordide sortit dans la presse. « La Dog Connection », ainsi qu'on l'appellera plus tard, volait des chiens pour alimenter les laboratoires médicaux et pharmaceutiques. Et dans le même temps, je réalisai ma seconde émission « S.O.S. » consacrée à l'expérimentation animale. Suite à cela, le ministre de la Recherche et de la Technologie, Hubert Curien, me contacta pour l'aider à présenter dix mesures encadrant l'expérimentation animale : elles furent adoptées, dont l'obligation d'établir une traçabilité sur la provenance des animaux.

Cette influence qui fut la mienne sur le pouvoir en place a aussi été couronnée de réussite en 1996, avec le très humain ministre de l'Agriculture, Philippe Vasseur. Quand ce dernier découvrit l'épouvantable supplice de la caudectomie sur les chevaux, il la fit immédiatement interdire. Philippe Vasseur mit également au point un projet de loi pour la protection des animaux de compagnie en France. Le projet devait être soumis à l'Assemblée nationale, mais Jacques Chirac eu la bonne idée de la dissoudre en avril 1997…

Cependant, je dois avouer que, à part quelques exceptions citées plus haut, la plupart des hommes politiques m'ont reçue par curiosité ou en raison de l'aspect médiatique que je représentais pour eux. Je me souviens de Michel Crépeau, ministre de la Justice de François Mitterrand, qui fut totalement indifférent à ma requête concernant l'arrêt de la vivisection, ou encore de Jacques Toubon, garde des Sceaux, à qui je montrai des images terrifiantes de pratiques zoophiles, sans suite.

Je suis parfois nostalgique de ces moments où je pouvais encore me déplacer, déposer mon cœur aux pieds de ces décideurs, tenter de les convaincre, yeux dans les yeux. Comme en 2007, où le président Sarkozy me reçut pour débattre de trois sujets : l'obligation d'étourdir les animaux avant leur abattage, déjà évoquée dans le chapitre précédent, mais aussi l'interdiction d'importer en France des produits issus de la chasse aux phoques et enfin, la création d'un « Grenelle des animaux » qui, du reste, verra le jour en 2008 avec les fameuses rencontres « Animal et Société » dont les résultats seront loin d'être à la hauteur de nos espérances.

Je terminerai ce tour d'horizon politique par deux de mes plus grandes déceptions. En juin 2013, sous notre impulsion, Nicolas Dupont-Aignan avait déposé une proposition de loi pour que le cheval bénéficie d'un statut d'animal de compagnie, et non d'animal de rente, ce qui lui aurait permis de ne plus terminer ses jours à l'abattoir... Ce texte tomba dans les oubliettes. On nous objectait que cette évolution précipiterait tout un panel de métiers dans le chômage : les vendeurs, les transporteurs de chevaux d'abattoirs, les tueurs, les désosseurs et toutes sortes d'ouvriers...

Enfin, en 2017, la nomination de Nicolas Hulot en tant que ministre de la Transition écologique fut mon plus grand espoir déçu. Cet homme qui avait jadis brillé par sa lucidité, qui avait vu de ses yeux les ravages humains sur la planète, semblait être le plus à même pour porter nos revendications animales. Nos premiers échanges refroidirent toutes mes attentes. En juin 2017, le maire du Luc se battait pour empêcher l'installation d'un cirque avec animaux sauvages sur son sol, j'appelai donc Nicolas

Hulot pour qu'il fasse appliquer la loi, il me répondit cette phrase lourde de sens : « Je suis ministre mais je ne sais pas ce que je peux faire. »

S'ajouta à cela la première vraie action de ce ministre : la signature d'un arrêté interministériel autorisant l'abattage de quarante loups en France pour limiter les dégâts sur les troupeaux. Nicolas Hulot émargea ce texte et dans le même temps piétina sa crédibilité pour toutes les associations de protection de la nature et de l'animal. Il fit dire qu'il n'avait pas « le choix » : je dénonçai publiquement cette lâcheté avec des mots très durs. Et puis un soir d'août, il m'appela à La Madrague, j'étais prise de court, il était penaud, il se confondit en excuses : « Je ne veux pas que vous soyez fâchée contre moi. » Et il m'expliqua pourquoi il avait été contraint de signer cette autorisation, sinon, il aurait démissionné. Je l'encourageai donc à prendre une telle décision qui symboliserait la lutte contre l'inertie et le scandale politiques. Nicolas Hulot me signifia qu'il voulait rester au gouvernement pour défendre au mieux la cause que nous partagions depuis toujours, pour faire changer les mentalités. Avant de raccrocher, il me promit : « Si dans un an, je n'ai rien changé et je n'arrive à rien, à ce moment-là, je partirai. » Bien que sincère, ce coup de fil ne me convint pas, car je pense que le combat animal est sans concession, sans demi-mesure. On ne soupèse pas la vie d'animaux innocents.

C'est une évidence, la cause animale est perpétuellement bloquée dans les conflits d'intérêts. Les opposants aux avancées font bloc. Et plus les consciences s'ouvrent, plus les adversaires sont féroces. Le plus puissant d'entre eux reste « Pro Natura », un collectif regroupant les intérêts des chasseurs, des agriculteurs et des éleveurs. Ces gens ont leurs entrées dans tous les ministères. C'est ainsi que lorsque des politiques doivent porter des textes supportant le bien-être animal, un front commun se constitue immédiatement pour empêcher le débat.

Lors des rencontres « Animal et société », par exemple, un groupe avait développé des points valorisant le statut juridique des animaux. Michel Barnier, alors ministre de l'Agriculture, devait présenter le résultat de ses travaux. Il n'a jamais pu, la FNSEA[1] avait fait pression. Petit à petit, les associations de protection animale ont donc bien compris que leurs forces devaient être mises en commun. C'est ainsi que le collectif « Animal Politique » a été créé, regroupant vingt-six organisations de protection animale. En 2017, l'idée était de mettre l'enjeu animal au cœur du débat politique, un manifeste de trente propositions a donc été soumis aux candidats à la présidentielle, en vue d'obtenir leur signature[2].

Malgré des sensibilités qui peuvent être différentes, les groupes portant la voix des animaux doivent devenir des interlocuteurs crédibles, car même si nous ne représentons pas des salariés ni des profits économiques, nous défendons la Vie, la fin d'un système d'exploitation, nous argumentons l'après, nous développons des choix alternatifs. Nous défendons ce qui n'est pas concret, ce qui n'est pas quantifiable, nous défendons la conscience et la justice, l'utopie réalisable.

---

1. Fédération nationale des syndicats d'exploitants agricoles.
2. Un merci particulier à Christophe Marie pour les précisions concernant les lobbies.

De vous à moi

Que garderez-vous de moi ? Une danse lascive au son d'un mambo endiablé ? Un cri dans le silence d'un prétoire bondé ? Que garderez-vous de cette petite Parisienne devenue star par hasard, de cette idéaliste qui a voulu un jour consacrer ce qui lui restait de temps sur Terre pour sauver les animaux ? Le passé ne prenant son sens qu'en fonction du présent et le présent ne prenant son sens qu'en fonction de l'avenir, cela ne dépendra pas de moi. Entre l'image et l'action, entre la passion et la raison, que restera-t-il de Brigitte Bardot en vous ?

Vous garderez sûrement une moue boudeuse et peut-être une révolte, cette volonté de rupture qui fut toujours la mienne, cette indignation face à l'inacceptable. Vous vous souviendrez peut-être de ce souci de renverser les idées préconçues et les vieilles habitudes qui paralysent les consciences. Comme moi, vous n'aurez peut-être pas d'autres issues que de bousculer vos aînés pour vous frayer un chemin dans l'existence. Vous apprendrez les erreurs parfois, la solitude souvent, mais le refus, toujours. Vous n'accepterez jamais les raisons qui vous seront invoquées par facilité ou manque de courage et vous dépasserez le conformisme, courrez après le temps et l'espace pour faire autrement, créer l'inconnu et goûter la transgression. Votre but sera de briser l'injustice avec la seule arme qui vaille : la sincérité.

Vous garderez sûrement les formes pleines et arrondies de mes initiales et peut-être la transparence de mon être. Cet atout et cet inconvénient, ce naturel qui m'a valu bien des revers mais aussi bien des passions. Le fait de dire sans arrière-pensées, de laisser les excès passer et d'assumer avec conviction l'inadaptation au superflu, au faux, au mensonge et le désir du vrai.

Vous garderez sûrement l'Icône et peut-être la Fée des animaux. Les enfants m'ont toujours appelée ainsi et je trouve cela très mignon. On a souvent opposé ma vie d'avant et ma vie d'après, ma vie de cinéma et ma vie de protection animale, comme on opposait la lumière et l'obscurité, une vie de gloire, puis d'amertume. Dénoncer l'injustice avec crudité, est-ce de l'aigreur ? À vrai dire, le seul ressentiment que j'ai gardé dans mon cœur est celui qu'aurait dû ressentir un animal s'il en avait eu la possibilité... Car l'animal, qu'il soit sauvage ou domestiqué, ne vit pas dans les affres des sentiments, dans la méchanceté acide, la revanche agressive. Au contraire, il accepte, il conjugue, il pardonne, et bien souvent, il reste fidèle. Alors, quand j'ai fait mienne la cause animale, j'ai aussi embrassé la colère qui leur est étrangère.

Vous garderez sûrement en mémoire un mythe commercial et peut-être une empreinte dans un lieu, mon refuge tropézien, ma Madrague, dont la porte vous sera ouverte et qui consacrera à jamais mon amour pour les animaux. Vous y sentirez peut-être une certaine idée de la simplicité dont les murs de mes maisons ont été imprégnés.

Vous garderez sûrement une, deux de mes chansons, et peut-être un enchantement. Ce mot qui me tient tant à cœur qu'il souffle dans mes rêves, cette attitude d'ouverture et de quête, ce besoin d'ailleurs et d'autrement, cette envie de confondre l'humain et l'animal dans une même nature, cette façon de consentir à la douleur pour jouir de la caresse. L'enchantement de la vie qui m'a éloignée de la mort grâce à ma constante recherche du beau, du vrai et de l'essentiel. En toute chose, en toute personne, en tout lieu.

Vous garderez sûrement une fiction et peut-être une histoire vraie, celle d'une femme qui comprit un jour qu'elle se tromperait de vie si elle ne levait pas un tabou, celle de l'humanité animale, de l'animalité humaine. Les êtres vivants, tous les êtres vivants ont un passé, un présent et un avenir commun. Je souhaite une Histoire animale et qu'elle commence aujourd'hui.

Épilogue
Sainte-Brigitte

Le 23 juillet 2017, pour la première fois de ma vie, j'ai songé à démissionner de mon combat public pour la cause animale. La raison en était un écœurement profond et intense face au traitement infligé aux loups sur notre territoire. Le gouvernement français venait de donner satisfaction aux éleveurs en autorisant quarante abattages supplémentaires pour la saison en cours. Une fois de plus, la force l'avait emporté, une fois de plus, l'animal était victime de l'inadaptation de l'homme à la nature. Cette décision me tua, d'autant plus qu'elle avait été acceptée par le ministre Nicolas Hulot, en qui j'avais tant placé d'espoirs. Elle fut une gifle retentissante administrée à la protection animale et je crus bien qu'elle ferait sonner le glas de mon engagement. Des sentiments de colère et de honte brûlaient en moi. Et dans les cendres de l'amertume, je me consumais, certaine de ne plus servir à rien.

Assise au beau milieu de mon salon, face à la mer et aux voiliers qui dansaient dans la baie de Saint-Tropez, scrutant mes dizaines, mes centaines de photos épinglées sur les murs, je me perdais dans mes souvenirs, dans ces rencontres, ces voyages, ces victoires et ces épreuves qui avaient jalonné ma vie. Je méditais sur le sens du choix : choisir, c'était se priver, choisir, c'était être. Qu'avais-je imaginé en 1973 ? Que je pourrais sauver le monde, que ma force et ma notoriété étaient telles qu'elles pourraient faire se déplacer des montagnes ?

Emplie de confusion, je partis ensuite pour La Garrigue, je m'assis à ce bureau qui jouxte ma cuisine, à ce bureau où je travaillais chaque jour, où je poursuivais inlassablement ma bataille contre la maltraitance animale. Mais ce 23 juillet, je n'eus plus de force, aucune. J'étais fébrile, désinvestie, je ne me sentais pas à ma place. Soutenue par mes deux vieilles béquilles qui supportaient bien plus que mes hanches fatiguées, j'ai donc entrepris une ascension que je n'avais pas réalisée depuis longtemps. De longues minutes furent nécessaires pour atteindre la porte de ma chapelle. Bruyamment et sans précaution aucune, je m'assis en son sein et attendis que la Petite Vierge réponde à mes requêtes. Elle savait pourquoi je venais, elle voyait mon chagrin. Cette fois-ci, je ne demanderais pas, elle devait m'apporter une consolation immédiate.

Je n'obtins que le silence en retour. Un apaisement était-il possible ? Quand le goût de lutter nous quitte, existe-t-il une issue ?

La combattante était à terre. Je n'avais jamais ressenti un tel sentiment d'impuissance... Et j'ai crié, de profonds râles ont jailli de mon corps. Je jetais mon insuffisance et mon inutilité au sol.

Et j'ai pensé écrire encore et encore, publier un énième communiqué, jeter un nouveau pavé dans la mare, crier au monde mon départ, faire du bruit, mettre en lumière l'abandon français de ses enfants, de ses citoyens animaux, l'abandon français de ses valeurs de justice, de liberté et de considération, l'abandon français de son image de terre d'accueil, d'asile pour les plus faibles... Mais même cette envie m'abandonnait.

Lorsque je pris la décision de quitter le cinéma, ma motivation était claire : j'avais donné le meilleur de moi-même et je ne pouvais plus offrir que du « moins bien ». Et ce 23 juillet, je dressai le bilan de ces quarante-quatre années d'engagement animal : je m'étais battue, usée, nourrie d'espoirs, et je n'essuyais que manque de courage, de sensibilité, d'intelligence de la part de celles et ceux qui pouvaient faire changer les choses. J'avais tout donné et je ne voyais plus comment je pouvais encore intervenir. Durant des décennies, j'avais franchi des portes présidentielles, ministérielles ou européennes, on m'y avait promis monts et merveilles. Il y eut des avancées, mais aucune des grandes victoires que j'avais souhaitées. Et chaque échec était un coup supplémentaire porté sur mon corps affaibli.

Ce combat me portait autant qu'il me détruisait. Car la protection animale ne fut jamais une bagatelle ou un métier. J'ai vécu avec, je me suis fondue dedans. Toutes ces années, je n'ai jamais pu vivre sereinement si je rencontrais un chien perdu, je ne pouvais dormir en pensant qu'un fauve effectuait des va-et-vient incessants dans un enclos, j'étais incapable de me réveiller légère quand je savais que des millions de bêtes avaient été amenées à l'abattoir le matin même.

Ces pensées m'ont hantée. Perpétuellement.

La compassion qui fut mienne pour l'Être sans voix, pour l'esclave sans droits, aura été sans limites.

Pourquoi mon sort a-t-il été lié, à ce point, à celui des animaux, pourquoi ont-ils été ma famille, ma raison d'être et de progresser dans l'existence ?

Assurément, la protection animale fut une mission, à la vie, à la mort, pour faire entendre les suppliques de ces éternels sacrifiés de l'Humanité.

Jusqu'ici, ma révolte m'avait tenue en haleine, elle me donnait un objectif de vie jour après jour. Mais la source s'était tarie. Mon idéal avait été balayé par mon désespoir, je ne me reconnaissais plus, je ne comprenais plus le sens de mon engagement.

Immergée dans la spiritualité, cherchant une réponse dans le secret de ma petite chapelle, j'avais perdu le goût de résister.

Et soudain, je sentis des larmes chaudes et humides couler le long de mes joues, ces larmes qui m'avaient quittée depuis bien longtemps me revenaient comme un espoir et une chance.

Je versais des larmes de combat.

Et je compris bien vite que ces larmes providentielles seraient fondatrices, qu'elles étaient versées sur le sort des animaux, sur moi-même autant que sur celles et ceux qui prendront ma suite.

Je ne pouvais les abandonner, je ne pouvais leur donner ce mauvais signal de la combattante à terre.

Il fallait que mon désespoir suscite des espoirs.

Car la bataille devait se poursuivre : il y avait d'autres loups à sauver, des abattoirs à abolir, des cirques avec animaux sauvages à faire interdire.

En ce 23 juillet, je sus que ma mission à moi touchait à sa fin, que bientôt je ne serais plus de ces batailles, du moins plus comme avant. Ce livre, ces *Larmes de combat*, serait donc mon legs. Ce texte testamentaire portera à jamais ma conviction, mon abattement et mes espérances.

Comme des voix venues d'ailleurs, ces évidences s'imposèrent à moi. C'était le 23 juillet, jour de la Sainte-Brigitte. Et ce n'était pas le fait du hasard. Quelque chose faisait sens derrière tout cela. Peut-être qu'en 1973, lorsque j'avais quitté une vie d'artifices que représentait pour moi le cinéma, j'avais dit au revoir à « Bardot ». Dès lors, je quittai « Brigitte ».

Je mesurai l'étendue et l'importance de mon action, je sus qu'elle serait porteuse pour des millions de défenseurs des animaux, que l'animal serait un jour considéré comme un individu à part entière, que les choses changeraient, que les prises de conscience actuelles seraient la genèse d'une révolution animale.

Le dernier sanglot versé, j'eus la certitude que cette bataille acharnée pour le respect de la Vie ne serait pas sans fin. Mes héritiers étaient déjà en ordre de bataille, mon combat me dépassait et je peinais parfois à m'en apercevoir.

En cette Sainte-Brigitte, j'ai donc compris qu'un jour, pas si lointain peut-être, là où je serai, je sentirai ce souffle de vie pour lequel j'ai lutté toute mon existence. Un souffle vivifiant, puissant et novateur. Un souffle invincible venir de celles et ceux qui parviendront à ouvrir à jamais les grilles de « ce monde immense de rêves et de douleurs muettes[1] » qu'est l'animalité. Mon passage sur Terre n'aura donc pas été vain. Et mon âme sera enfin en paix.

À celles et ceux qui luttent contre la maltraitance animale, à leurs enfants et aux générations futures : je vous aime infiniment et profondément.

Mon âme est animale.

---

[1]. Référence à la très belle phrase de Jules Michelet dans *Le Peuple*, en 1846 : « L'animal, sombre mystère !... Monde immense de rêves et de douleurs muettes. »

ANNEXES

Lettre de Brigitte Bardot
à Franz Weber

8. DEC. 2005 18:57   F. FRANZ WEBER +41 21 9647946   N° 931   P. 1

FONDATION FRANZ WEBER
Case postale, CH-1820 Montreux / Suisse
Tél: 0041 (0)21 964 24 24 / 964 37 37 / 964 42 84 - Fax: 0041 (0)21 964 57 36
Banque: Landolt & Cie, Lausanne - C.C.P.: 18-5117-3
E-mail: ffw@ffw.ch, Webpage: www.ffw.ch

Bonsoir Brigitte,
La lettre qui a tout déclenché... c'est assez émouvant de la lire aujourd'hui...
Avec toute mon affection,   Christophe

A l'attention de Monsieur Christophe Marie

Lettre du 17 février 1977 de Brigitte Bardot à Franz Weber

65 15ᵉ Viennes le 17 Février 79.
PARIS
   75016.
TEL: 504.22.85.   BRIGITTE BARDOT

Cher Franz Weber
Je lis dans "La Suisse" le
résultat malheureux de votre
merveilleuse entreprise —
   J'ai moi-même connu un
bel échec avec le dénouement
sordide d'une belle entreprise
qui était la "Fondation Brigitte
Bardot" —
   On nous apprend en
algèbre que moins par moins
donne plus —
   Si vous voulez je suis avec
vous — mon temps, mon
nom, mon argent, je peux

peut être vous être utile !

Le problème des bébés phoques me tient particulièrement à cœur —

J'ai envie de vaincre la connerie et la cruauté humaine

Seule je suis impuissante trop fragile, attaquée de toute part — Avec vous, votre force votre courage, j'ai l'impression que nous pourrions sinon gagner du moins gravir de sérieux échelons —

A votre disposition, j'aimerais tant être utile à cette cause —

Brigitte Bardot

Union européenne et condition animale... la France reste la lanterne rouge !

Particularités :

En Belgique, il y a trois ministres dédiés au « bien-être des animaux » (dissociés du ministère de l'Agriculture et de l'Environnement). Aux Pays-Bas, il existe une « police pour les animaux », avec numéro d'urgence pour les abus et maltraitances sur animaux. Cette police est formée pour faire appliquer les lois protégeant les animaux de compagnie, de ferme et les animaux sauvages. Cette brigade est composée de 125 policiers en uniforme. En Suède, Stockholm dispose également d'une « police pour les animaux », une unité de police spécialisée a également été créée en Norvège (hors UE).

Abattage rituel :

Lors d'un abattage, la règle générale impose l'étourdissement préalable de l'animal (règlement européen) mais les États membres ont la possibilité de déroger à cette règle lors d'un abattage rituel, comme c'est le cas de la France. De nombreux pays interdisent toutefois l'abattage des animaux sans étourdissement préalable : Autriche, Belgique (Wallonie depuis juin 2018 et Flandre septembre 2019), Danemark, Estonie, Finlande, Grèce, Luxembourg, Pays-Bas, Suède, d'autres pays hors UE comme l'Islande, la Suisse...

Gavage :

Selon la directive 98/58/CE, le gavage est illégal puisque ce texte stipule qu'« aucun animal n'est alimenté ou abreuvé de telle sorte qu'il en résulte des souffrances ou des dommages inutiles » (art. 14). La France reste le 1er producteur mondial de foie gras avec la pratique du gavage pourtant interdite en Allemagne, Autriche, Danemark, Finlande, Irlande, Italie, Luxembourg, Pays-Bas, Pologne, République Tchèque, Royaume-Uni, Suède...

Chasse :

La France est le seul pays européen où l'on chasse 7 jours sur 7, où des pratiques cruelles comme le déterrage (vénerie sous terre) ou la chasse à courre sont admises alors qu'elles sont interdites ailleurs... La chasse à courre est interdite en Allemagne depuis 1952, en Angleterre depuis 2004, en Belgique depuis 1995, en Écosse, au pays de Galles...

Le blaireau, victime en France du déterrage, est une espèce protégée en Angleterre, en Belgique, au Danemark, en Espagne, en Grèce, en Hongrie, en Italie, au Luxembourg, aux Pays-Bas, au Portugal.

Captivité :

Au sein de l'UE, 12 pays n'ont pas de delphinarium : Autriche, Chypre (interdit depuis 1997), République

Tchèque, Estonie, Hongrie (interdit depuis 2002), Lettonie, Luxembourg, Pologne, Irlande, Slovaquie, Grande-Bretagne (pas d'interdiction mais normes strictes qui ont conduit à la fermeture de tous les delphinariums dans les années 1990).

Actuellement, 21 États membres ont adopté des restrictions quant à l'utilisation des animaux sauvages dans les cirques, parmi lesquels 13 États l'ont complètement interdite (Autriche, Belgique, Bulgarie, Croatie, Chypre, Grèce, Irlande, Italie, Lettonie, Malte, Pays-Bas, Roumanie, Slovénie).

Expérimentation animale :

Les 7 pays finançant le plus les méthodes alternatives sont : l'Allemagne, l'Autriche, la Belgique, la Finlande, le Royaume-Uni et la Suède.

Aux Pays-Bas et en Italie, il existe un droit d'objection de conscience permettant aux étudiants (également médecins, chercheurs, techniciens en Italie) de suivre une formation sans recourir à l'animal.

Fourrure :

Les « fermes » d'élevage européennes comptent pour 70 % de la production mondiale de visons et 63 % de renards.

En Allemagne, plusieurs Länder interdisent les élevages d'animaux à fourrure. En Angleterre, l'interdiction est nationale depuis le 1er janvier 2003 pour des raisons éthiques. En Autriche, 6 des 9 États fédéraux ont interdit l'élevage des animaux à fourrure et dans les 3 autres il existe une réglementation tellement stricte, notamment sur la mise à disposition d'eaux de baignade, que l'élevage n'y est plus économiquement viable. En Belgique, seule la Flandre recense des élevages et le gouvernement Wallon a approuvé l'interdiction d'élevages d'animaux « uniquement ou principalement » pour leur fourrure. L'élevage d'animaux à fourrure est interdit en Bulgarie et en Croatie, au Danemark (principal producteur de visons) les élevages de renards seront interdits en 2024. En Italie, le dernier élevage de renards a fermé en 1997. Pour les visons, l'interdiction des cages au profit d'enclos à même le sol, enrichis de branches et de terriers, ainsi que d'une pièce d'eau de 4 m² et 50 cm de profondeur ont mis fin aux élevages puisque économiquement non rentables. Aux Pays-Bas, l'élevage des chinchillas et des renards pour leur fourrure est interdit. Troisième producteur mondial de fourrure de visons, les Pays-Bas ont interdit, fin 2012, les élevages de visons (un délai est accordé jusqu'en 2024). Enfin, la Slovénie a interdit l'élevage d'animaux pour leur fourrure.

À noter qu'au sein de l'Union européenne, l'importation et le commerce des peaux de chiens et de chats domestiques, et de tous produits issus des phoques (et autres pinnipèdes) sont interdits.

Sur tous ces sujets de protection animale, la France n'a pris aucune disposition particulière et accuse, de ce fait, un retard certain vis-à-vis des autres États membres...

Document préparé par Christophe Marie, directeur du bureau de protection animale, Fondation Brigitte-Bardot.

La Chasse[1]

Jeannot Lapin ami de classe
Où es-tu depuis que la chasse
A laissé couler tant de sang
Cruel chasseur tu es méchant
Igor mon ami sanglier
Es-tu toujours dans ton hallier
Peut-être as-tu été tué
Chasseur que tu es sans pitié

Refrain :

Amis des bois cachez-vous bien
Le chasseur va je suis son chien
Amis des bois je vous préviens
Lorsque j'abois le chasseur vient

Yvette mon amie perdrix
As-tu perdu Pierre le faisan
Vous faisiez un couple joli
Deux amoureux des plus charmants
Arthur le cerf à fière allure
Qui gambadait dans la forêt
Bûcherons de mauvais augures
De lui aussi qu'avez-vous fait

---

1. Chanson écrite par Jean-Max Rivière pour Brigitte Bardot.

(Refrain)

Antoine le canard sauvage
À bec dur doux plumage
Qui avait vu tant de pays
T'ont-ils tué d'un coup de fusil
Amis belettes, amis renards
Amis perdreaux et écureuils
Où pourrai-je un jour vous revoir
La forêt n'est plus qu'un cercueil

(Refrain)

Dieu fasse que les bois soient pourvus
Encore longtemps d'amis gibiers
Méfiez-vous des hommes qui tuent
Ils ne savent pas s'arrêter

Remerciements à

Bernard d'Ormale
Christophe Marie
Christophe Laury

Table

Avant-propos : « L'Heure bleue » 11

1. Le sens de mon combat 17
   Le sens de ma vie... 17
   Compassion.. 19
   L'Homme, ce petit « rien-du-tout »..................... 22
   Égoïsme et narcissisme 25
   Cruauté... 26
   Un combat pionnier.. 29
   Larmes... 31
   Le combat fondateur : les bébés phoques 33
   La beauté et la bonté... 34
   « B.B. Phoque » 36
   Chouchou... 45
   Femme de terrain.. 47
   La Fondation Brigitte-Bardot............................... 51
   Des femmes et des hommes................................ 57
   Que fait ma Fondation ?....................................... 61
   Mes maisons sont leurs maisons........................ 63
   Sacrifice 69

2. L'animal que je suis................................... 74
   Mon instinct animal.. 74
   Ma nature animale.. 77
   Mon âme solitaire 78
   Le choix de survivre... 80
   Célébrité et conséquences.................................... 82

Mythe vivant	83
La plus belle femme du monde	88
Publicité	90
Humaniser les animaux	94
Misanthrope	95
Mère indigne	96
Polémiques	99
Impulsive	103
Amours, etc.	105
3. L'animal que je vis	**109**
Pourquoi les animaux m'ont-ils sauvée ?	109
Et pourquoi les animaux pourraient-ils tous nous sauver ?	118
Si on n'utilise plus les animaux, qu'en fait-on ? que devient-on ?	120
Un animal s'apprivoise par la confiance	123
L'opportunité de leur offrir une seconde chance	124
Les animaux sont ma famille	126
L'épreuve du deuil animal	127
L'importance du rituel	131
Pouf !	133
Mes combats intimes	136
Contre une humanité irrespectueuse : l'hippophagie	139
Contre une humanité irresponsable : l'abandon des chiens et des chats	141
Contre une humanité cupide : le transport et le trafic des animaux	143
Pourquoi les animaux sont-ils esclaves des hommes ?	148
Où les animaux sont-ils esclaves ?	151
Là où il y a du divertissement : les cirques et les zoos	151
Là où il y a de la torture : la fourrure et l'expérimentation animale	158
Là où ils ne sont plus rien : l'élevage intensif	169
Qui sont les ennemis des animaux ?	173

L'homme prédateur et dominant	173
Le « spécisme »	173
Le droit du plus fort	175
La religion	177
La tradition	187
La revanche de la maltraitance animale	200
Végétarisme	203
L'émotion et la raison	205

4. Mon rêve en héritage 209
  Des humains-humains 209
  Des individus animaux 212
  Pour une éthique et une morale animales 217
  Pour une protection juridique efficace 220
  Pour que la France devienne
  une terre animale 221
  De vous à moi 228

Épilogue : Sainte-Brigitte 231

Annexes 237
  Lettre de Brigitte Bardot à Franz Weber 239
  Union européenne et condition animale...
  la France reste la lanterne rouge ! 243
  La Chasse, chanson écrite par Jean-Max
  Rivière pour Brigitte Bardot 247

Remerciements 249

12515

Composition
NORD COMPO

*Achevé d'imprimer en Espagne
par CPI (Barcelone)
le 9 décembre 2018.*

Dépôt légal : janvier 2019.
EAN 9782290168523
OTP L21EPLN002452N001

ÉDITIONS J'AI LU
87, quai Panhard-et-Levassor, 75013 Paris

Diffusion France et étranger : Flammarion